五年制高职专用教材

跨境电商实务

主　编　冯　洁　刘志娟

副主编　徐　军　张保国

参　编　袁　昉　黄敏芳　黄祎玮

　　　　钱玉文　隋　想

机 械 工 业 出 版 社

本书在系统介绍跨境电商流程的基础上，依据跨境电商工作任务与职业能力分析，分为跨境电商概述、跨境电商选品策略、跨境电商营销与推广、跨境电商视觉营销、跨境电商物流概述、跨境电商支付与结算和跨境电商客户服务七个项目，以典型案例为载体，创设学习情境，以学生为中心开展教学任务。本书还详细介绍了各种类型的跨境电商平台，如以速卖通为代表的主流跨境电商平台、以Shopee为代表的适合学生创业的东南亚跨境电商平台和以Shopify为代表未来可能迅速发展的独立站平台，并据此设计实训内容，旨在提升学生实操水平，熟练掌握相关知识与技能。

本书既适用于五年制高等职业教育商务类专业课程的教学，也适用于高等职业教育和中等职业教育国际商务专业、电子商务专业、跨境电子商务等专业的教学，还可作为从事跨境电商、国际贸易等工作的业务人员和管理人员的参考用书。

图书在版编目（CIP）数据

跨境电商实务/冯洁，刘志娟主编. —北京：机械工业出版社，2024.7
ISBN 978-7-111-75769-6

Ⅰ．①跨… Ⅱ．①冯… ②刘… Ⅲ．①电子商务—商业经营—教材
Ⅳ．①F713.365.2

中国国家版本馆CIP数据核字（2024）第092536号

机械工业出版社（北京市百万庄大街22号 邮政编码100037）
策划编辑：宋 华　　　　　　责任编辑：宋 华 赵晓峰
责任校对：郑 婕 梁 静　　封面设计：王 旭
责任印制：张 博
天津市光明印务有限公司印刷
2024 年 7 月第 1 版第 1 次印刷
184mm×260mm · 12.5 印张 · 301 千字
标准书号：ISBN 978-7-111-75769-6
定价：39.80 元

电话服务　　　　　　　　网络服务
客服电话：010-88361066　　机 工 官 网：www.cmpbook.com
　　　　　010-88379833　　机 工 官 博：weibo.com/cmp1952
　　　　　010-68326294　　金 书 网：www.golden-book.com
封底无防伪标均为盗版　　机工教育服务网：www.cmpedu.com

本书是为适应五年制高等职业教育商务类专业课程建设，由江苏联合职业技术学院商务类专业协作委员会组织各分院专业教师，根据江苏省最新的五年制高等职业教育商务类专业人才培养方案和国际商务专业课程标准，共同编写完成的。

本书在编写过程中按照行业企业的发展需要以及职业岗位工作中所需要的知识、能力、素质，设计知识目标、能力目标和素质目标，落实、实现好立德树人这一根本任务。以培养学生实战能力为重点，以实现跨境商品完整交易过程的展示为主线，紧紧围绕完成工作任务的需要选取理论知识，并融合了相关职业资格证书对知识、技能和态度的要求，以通俗易懂的语言介绍跨境电商实务中的基本流程和基本规范。

本书是校企双元合作开发、基于跨境电商业务工作过程的应用型教材。杭州普特教育咨询有限公司作为阿里巴巴（中国）网络技术有限公司筛选出的第三方生态服务企业，凭借阿里巴巴的资源优势，参与教材的编写，对接最新行业动态，拓展数字化资源，开发最新教学案例。本书基于模拟软件，以实战任务为导向，既让学生学到扎实的理论知识，又让学生有机会将理论知识在实践中运用，实现从专业认知到实战训练再到创新创业的递进式教学，为学生可持续发展奠定良好基础。为了便于教学使用，本书每个项目前设置了学习目标和学习路径图，每个项目后配巩固提高和技能实操。每个项目都依据学习目标布置了相应的工作任务，每个任务都包括案例导入、任务描述、知识铺垫和学习实践活动四部分，以提高学生分析问题、处理问题的能力。

本书由无锡旅游商贸分院冯洁、刘志娟提供整体设计思路和具体编写方案，连云港工贸分院、南京工程分院、无锡旅游商贸分院、张家港分院、江阴中等专业学校的部分专业教师共同参与编写。本书共七个项目、三个实训，具体编写分工如下：无锡旅游商贸分院冯洁负责编写项目二；无锡旅游商贸分院刘志娟负责编写实训三；连云港工贸分院徐军负责编写项目一、项目六；南京工程分院张保国负责编写项目三；无锡旅游商贸分院袁昉负责编写项目四；江阴中等专业学校黄敏芳负责编写项目五；张家港分院黄祎玮负责编写项目七；云之商教育科技（杭州）有限公司钱玉文负责编写实训一；杭州普特教育咨询有限公司隋想负责编写实训二。本书由冯洁和刘志娟负责组织协调与总纂定稿。本书配套的电子资源包括PPT课件、教学案例提示等，可登录机械工业出版社教育服务网（www.cmpedu.com）免费下载。

本书在编写过程中得到了江苏联合职业技术学院领导的关心和支持，也得到了杭州普特教育咨询有限公司隋想团队、云之商教育科技（杭州）有限公司钱玉文团队的大力支持，在此一并表示衷心的感谢。

在本书编写过程中，编者所参阅的资料除了参考文献中列出的一部分外，还有大量近年的相关报刊文章、网络资料等。在此，谨向所有使编者获益的同行致以真诚的谢意。

由于编者水平有限，书中难免有不足之处，恳请广大同行和读者批评指正。

编 者

目录 Contents

项目一

跨境电商概述

学习目标

知识目标

- 掌握跨境电商的基本概念和特征
- 熟悉跨境电商的主要模式和主流平台
- 了解跨境电商现状与发展趋势
- 掌握跨境电商工作岗位类型及职业能力要求

能力目标

- 能够根据跨境电商相关概念区别跨境电商与国内电子商务、传统国际贸易的不同
- 能够区分进口跨境电商和出口跨境电商
- 能够区别跨境电商 B2B、B2C、C2C
- 能够说清跨境电商主要岗位和职业能力要求

素质目标

- 明确新时代学生的责任和担当,激发学生爱国情怀和爱岗敬业精神
- 培养学生知识产权、生产质量等意识,树立正确的价值观
- 提升学生文化自信和民族自豪感

学习路径图

跨境电商的概念和特征	跨境电商的模式及主流平台介绍	跨境电商的现状与发展趋势	认识跨境电商的岗位
跨境电商的概念 跨境电商的特征 跨境电商与国内电商的区别 跨境电商与传统国际贸易的区别	跨境电商的模式分类 跨境电商主流平台介绍	全球跨境电商的发展现状 我国跨境电商的发展现状 我国跨境电商的发展趋势 全球主要跨境电商市场	跨境电商岗位分析 跨境电商职业能力分析

任务一　跨境电商的概念和特征

案例导入　主打"快时尚"、在全球时尚与服饰网站中独占鳌头的希音

在广州市番禺区南村镇，藏着一家不起眼、行事极其低调的企业——希音。它的英文名字"SHEIN"在西方年轻人中却尽人皆知。这家成立于 2008 年的快时尚跨境 B2C 电商企业，以快时尚女装为主营业务，集商品设计、仓储供应链、互联网研发及线上运营为一体，专注于海外市场，业务遍布全球上百个国家和地区，网站流量超越了西方同行 Zara、H&M，在全球时尚与服饰网站中独占鳌头，几乎可与亚马逊比肩，被业界称为"比 Zara 更快，比亚马逊更便宜"。

希音（SHEIN）主要面向欧美、中东、印度等市场，已连续 8 年年营收增长超过 100%，2021 年，希音实现了约 1000 亿元人民币的收入，并在 2021 年 4 月成为全球下载量最大的购物应用程序。

案|例|思|考

希音（SHEIN）作为一家 2008 年才成立的服装制造公司，是如何实现连续 8 年年营收增长超过 100% 的？

▼ 任务描述

近年来，在政策利好及贸易全球化的推动下，全球跨境电商获得了飞速发展，跨境电商规模 5 年增长近 10 倍，持续保持两位数的高速增长。在这种大趋势下，越来越多的企业开始涉足跨境电商。要想从事跨境电商业务，首先要了解跨境电商的概念和特征，理解跨境电商与国内电子商务、传统国际贸易的区别。

▼ 知识铺垫

跨境电子商务（Cross-Border Electronic Commerce，CBEC）是基于网络发展起来的一种

商务形式，是指电子商务在国际进出口贸易中的应用，是传统国际贸易流程的网络化、电子化和数字化，包括货物的电子贸易、电子资金划拨、电子货运单证、在线数据传递等多方面的内容。

学习实践活动

一、跨境电商的概念

跨境电子商务（简称"跨境电商"）是指分属不同关境的交易主体，通过电子商务平台达成交易、进行支付结算并通过跨境物流及异地仓储送达商品、完成交易的一种国际商业活动。

跨境电商有狭义和广义之分。狭义的跨境电商相当于跨境零售，即分属不同关境的交易主体，通过计算机网络完成交易，进行支付结算，并利用小包、快件等方式通过跨境物流将商品送达消费者手中的商业活动。广义的跨境电商相当于外贸电子商务，即分属不同关境的交易主体，利用网络将传统外贸中的展示、洽谈及成交等各环节电子化，并借助跨境物流运送商品、完成交易的一种国际商业活动。

二、跨境电商的特征

跨境电商是基于互联网发展起来的新型贸易形式，引起了世界经济贸易的巨大变革。与传统贸易形式相比，跨境电商具有以下特征。

1. 全球性

跨境电商依靠网络冲破国家间的贸易障碍，使国际贸易走向无国界贸易，具有全球性和非中心化的特性。对企业来说，跨境电子商务构建的开放、多维、立体的多边经贸合作模式，大大促进了国际多边资源的优化配置与企业间的互利共赢；对消费者而言，只要具备一定的技术条件，在任何时候、任何地方都能够获取其他国家的商品信息并买到物美价廉的商品。

2. 无形性

互联网的发展推动了信息数字化传输技术的更新升级，数据、图像、声音等信息都可以通过互联网实现传输，这些信息主要是以数据代码的形式存在，因此是无形的。电子商务是数字化传输活动的一种特殊形式，其无形性的特征使得税务机关很难控制和检查销售商的交易活动，从而给税收带来困难。

3. 匿名性

匿名性是指跨境电商在线交易往往不显示在线消费者的真实身份和地理位置。网络匿名不影响交易的进行。

4. 即时性

即时性是指跨境电商在线交易双方信息的交互几乎同时发生，与交易双方的实际时空距离无关。比如，数字化产品的订货、付款、交货可以瞬间完成。跨境电商在线交易的即时性提高了交易效率，减少了传统交易中的中间环节。

5. 无纸化

无纸化是跨境电商交易的主要特征之一，是指买卖双方在线交易的整个信息发送和接收过程实现了无纸化，使信息传递摆脱了纸张的限制。跨境电商中的数字合同、数字时间以及其他保密措施大大提高了跨境贸易的交易效率。

三、跨境电商与国内电商的区别

国内电商是境内贸易，而跨境电商是境内与境外间的贸易，二者在交易主体、适用规则、支付结算、业务环节等方面存在区别。

1. 交易主体不同

国内电商的交易主体一般在国境内或关境内，即国内对国内，而跨境电商的交易主体是境内（外）对境外（内）。相比于国内电商，跨境电商交易主体的供给方与需求方涉及的范围更加广阔，遍及全球。由于不同国家、地区有着不同的消费方式、文化习俗、宗教信仰、法制体系和监管要求，跨境电商企业在经营过程中需要对跨文化冲突与管理有深入的理解与认识，并以此对公司战略、营销方式、数据处理、品牌建设等做出相应的调整与优化。

2. 适用规则不同

国内电商只需要遵守国内电商行业的相关法律法规和各电商平台的规则，而跨境电商需要遵守的规则更多、更细、更复杂。

首先，很多人是借助第三方平台开展跨境电商业务的，所以他们首先需要遵守各个电商平台的规则；其次，跨境电商涉及不同国家和地区之间的贸易往来，需要以国际通用的贸易协定或双边贸易协定为基础；最后，跨境电商具有很强的政策、规则敏感性，从事该行业的人员需要及时了解国际贸易体系、规则，进出口管理制度，以及关税细则、政策的变化，对国际贸易形势也应该有深入且全面的了解。

3. 支付结算不同

经过多年的发展，国内电商的支付结算体系已经非常成熟，支付宝、微信等互联网巨头占据了第三方支付的半壁江山；同时，各家银行都建立了网银平台，支付快捷，费用低廉。跨境电商支付体系受限于各国基础设施成熟程度、金融支付方式的差异而效率低得多，同时，费用更加昂贵且汇率风险较大。

4. 业务环节不同

与国内电商相比，跨境电商业务环节更加复杂烦琐，不仅涉及线上数据流动，还需要经过检验检疫、报关通关、外汇结算、进口征税等环节。

5. 交易风险不同

国内电商主要面临的是市场风险与信用风险，而跨境电商在此基础上还要面临政治、法律、汇率、技术等方面的风险。

6. 物流不同

国内电商主要依靠国内物流体系，而跨境电商则需要境外物流与境内物流的配合与协同，物流周期长、费用高、货损严重。

四、跨境电商与传统国际贸易的区别

跨境电商本质上也是一种国际贸易，是在新的技术手段下电子商务和国际贸易的整合。传统国际贸易中，一般是专业外贸经销商从事跨境贸易，帮助制造商将生产的货物出口，并在目的国对接专业的外贸采购商，收货后分给各级分销商、零售商。而跨境电商改变了传统的外贸模式，在电子商务的帮助下，制造商仅需通过跨境电商平台即可触达消费者，贸易链条大大缩短。两者的贸易链条对比如图 1-1 所示。

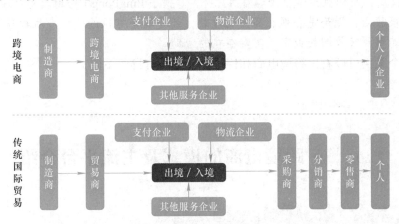

图 1-1 跨境电商与传统国际贸易的贸易链条对比

对传统国际贸易而言，电子商务化是一条新的出路。跨境电商与传统国际贸易的对比见表 1-1。

表 1-1 跨境电商与传统国际贸易的对比

项　　目	跨　境　电　商	传统国际贸易
运作模式	借助互联网电商平台	基于商务合同的运作模式
规模、增长速度	面向全球市场，规模大、增长速度快	市场规模大，但由于受地域限制，增长速度相对缓慢
订单类型	小批量、多批次、订单分散、周期相对较短	大批量、少批次、订单集中、周期长
商品类目	商品类目多，更新速度快	商品类目少，更新速度慢
交易环节	简单（生产商→跨境零售商→消费者），涉及中间商较少	复杂（生产商→贸易商→进口商→批发商→零售商→消费者），涉及中间商众多
支付方式	汇付、托收、信用证、信用卡支付、网络银行支付、第三方支付工具（如支付宝国际版、PayPal）等，支付方式更加多样	汇付、托收、信用证等
物流运输	借助第三方物流企业，以航空小包、专线物流、海外仓等形式完成，物流因素对交易主体影响明显	多通过海运和空运完成，物流因素对交易主体影响不明显
通关、结汇	通关缓慢或有一定限制，易受政策变动影响，享受退税和结汇政策较复杂	海关监管规范，可以享受正常的通关、结汇和退税政策
争议处理	争议处理复杂、效率低	健全的争议处理机制

宁波的老韩是一位 2006 年就开始从事进出口生意的老外贸人，主要做小型汽修工具类目。经过十多年的努力，老韩的产品已经销往欧洲多个国家和美国。但是近些年来，竞争压力的提升和汇率的波动让他明显感受到外贸业务遇到了瓶颈。2018 年起，老韩开始尝试转型做跨境电商，先后去了杭州、义乌、广州和上海等地，通过线上线下的渠道对跨境电商进行了全面的学习。

老韩发现，做跨境电商，不需要再为讨价还价而苦恼，"做传统外贸的时候，客户可能会因为几分钱磨个半天，但是电商就是一口价。"在老韩看来，电商平台更像是传统外贸新开拓的"大客户"，面对的更多是一个个使用产品的客户，只是现在他需要做更多细节的工作去维护好这些客户。过去传统外贸使用的收款方式，常常让老韩感觉很痛苦，不仅周期长而且经常出现各种"惊吓"。携手 PingPong（跨境贸易数字化服务商）后，老韩很放心，无论是合规、高效的收款，还是其全方位的跨境产品和服务，都给企业数字化转型及营收增长带来了实实在在的帮助。

从这个案例可以看出跨境电商和传统国际贸易有哪些不同？

任务二　跨境电商的模式及主流平台介绍

　承包了 1 亿人进口生活方式的天猫国际

SHOEI X14 红蚂蚁头盔、风靡韩国的 ABC 果蔬汁、Cire Trudon 皇后的花园蜡烛香薰、三得利兔年限定款威士忌、日本限量游戏机和唱片机、澳洲羊毛被、法国小众香水……其中有没有一款让你眼前一亮，心跳加速？

世界上有那么一群人，专职在全世界"买买买"，买尖货、潮品，冲的就是限量、小众、稀缺款。以上这些，是天猫国际"全球探物"遍布 20 多个国家和地区的官方买手团的"作品"，专为中国消费者挖掘全球爆款好物。

作为中国最大的跨境进口平台之一，天猫国际聚集了 1 亿高净值用户。他们是小众商品"挖掘机"，希望天猫国际满足自身独特的生活方式和审美。而"全球探物"就像一家"超大型买手店"，每天都有数百位买手为他们服务。

"希望通过'全球探物'的跨境直邮方式，让全球海量的趋势尖货和小众特色货品，以更快的速度、更高的效率进入中国市场，让消费者足不出户，探索世界各地好物，体验海外生活方式。"天猫国际总经理在"全球探物"品牌发布会上表示。

天猫国际"全球探物"属于哪种跨境电商模式？

任务描述

　　跨境电商可以按照不同的分类维度，划分为不同的类别。按照商品流向的不同，跨境电商可以分为进口跨境电商和出口跨境电商。按照交易主体属性的不同，跨境电商分为 B2B、B2C 和 C2C 三种模式。根据平台运营模式的不同，跨境电商平台可以分为第三方平台和独立站。

知识铺垫

　　普通消费者日常接触到的主要是跨境零售电商，即跨境 B2C，它是直接面对消费者的一种跨境电商，是指通过集中采购（保税进口）或海外直邮方式，将商品进口至海关监管区域，通过在电商平台上进行商品的展示、交易、支付，并通过跨境物流与境内物流衔接的方式来实现商品送达并完成商品交易的一类跨境电商。

学习实践活动

一、跨境电商的模式分类

跨境电商按照不同的维度，可以划分为不同的类别。

1. 按商品流向划分

按照商品流向的不同，跨境电商可以分为进口跨境电商和出口跨境电商。

　　（1）进口跨境电商　进口跨境电商是指境外企业借助跨境电商平台与境内企业或个人买家达成交易，然后通过跨境物流将商品送至境内，完成交易的商业活动。进口跨境电商的传统模式就是海淘，即境内买家在电商网站上购买境外的商品，然后境外企业通过直邮或转运的方式将商品运送至境内买家手中。

　　进口跨境电商平台主要有天猫国际、京东国际、考拉海购、洋码头、蜜芽、亚马逊海外购、一淘网等。

　　（2）出口跨境电商　出口跨境电商是指境内企业借助跨境电商平台与境外企业或个人买家达成交易，然后通过跨境物流将商品送至境外，完成交易的商业活动。出口跨境电商平台主要有阿里巴巴国际站、敦煌网、亚马逊、eBay、全球速卖通、Wish、Shopee、Lazada 等。

　　跨境电商进出口流程如图 1-2 所示。

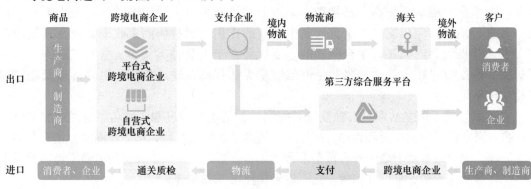

图 1-2　跨境电商进出口流程

2. 按交易主体属性划分

按照交易主体属性的不同，跨境电商分为跨境 B2B、跨境 B2C 和跨境 C2C 三种模式。

（1）跨境 B2B 跨境 B2B，即企业对企业，是指分属不同关境的企业、通过电商平台达成交易、进行支付结算，并通过跨境物流送达商品、完成交易的一种国际（地区间）商业活动。目前，B2B 跨境电商市场交易在我国整个跨境电商市场中占据主导地位。

（2）跨境 B2C 跨境 B2C，即企业对消费者，是指分属不同关境的企业直接面向消费者个人在线销售商品和服务，通过电商平台达成交易、进行支付结算，并通过跨境物流送达产品、完成交易的一种国际（地区间）商业活动。跨境 B2C 所面对的客户是个人消费者，以网上零售的方式为主，销售的商品一般以个人消费品居多。

（3）跨境 C2C 跨境 C2C，即消费者对消费者，主要是指通过第三方交易平台实现的个人对个人的电商活动。具体而言，跨境 C2C 是指分属不同关境的个人卖方对个人买方在线销售商品和服务，由个人卖家通过第三方电商平台发布商品和服务信息，个人买方进行筛选，最终通过电商平台达成交易，进行支付结算，并通过跨境物流送达商品、完成交易的一种国际商业活动。在这种模式中，买方和卖方都为个人。

跨境 B2B、跨境 B2C 和跨境 C2C 三种模式特点及代表电商平台见表 1-2。

表 1-2 跨境 B2B、跨境 B2C 和跨境 C2C 三种模式特点及代表电商平台

交 易 模 式	特　　点	代表电商平台
跨境 B2B	企业与企业之间通过互联网进行商品、服务及信息的交换	敦煌网、中国制造网、阿里巴巴国际站、环球资源网等
跨境 B2C	企业直接面向个人消费者在线销售商品和服务，它面对的最终客户为个人消费者，以网上零售的方式售卖商品	全球速卖通、亚马逊、大龙网、兰亭集势、米兰网等
跨境 C2C	客户为个人消费者，商家也是个人卖家。由个人卖家发布售卖的商品和服务的信息、价格等内容，个人消费者进行筛选，通过电子商务平台达成交易	eBay

3. 按平台运营模式划分

根据平台运营模式的不同，跨境电商平台可以分为第三方平台和独立站。

（1）第三方平台 第三方平台即跨境电商平台，其自身不从事商品买卖活动，而是搭建一个平台，吸引零售商、经销商、制造商等入驻平台、供应商品，再吸引消费者进入平台进行消费，完成交易。平台起到中间商的作用，通过向商家收取佣金及其他增值服务费来获得收益。第三方平台模式的主要优势在于商品种类繁多、货源广泛，平台规模较大，网站流量较大；主要劣势是商品质量无法保障，缺乏信任，供货渠道及物流渠道稳定性不足。

（2）独立站 独立站即具有独立域名的网站，指卖方通过购买域名、空间或服务器，根据自身需求设计网站页面和程序，按计划上传商品，扩大流量，从而在网站上销售商品和建立品牌。独立站本质上是一种自营型平台，是卖方搭建一个属于自己的电商平台，然后上传商品并自己做营销、推广和销售。它不属于任何第三方平台。

跨境电商的第三方平台与独立站运营模式对比见表 1-3。

表1-3 跨境电商第三方平台与独立站运营模式对比

项　目	第三方平台	独立站
商品	商品品类全面，平台商对入驻商家商品品质进行把控，入驻后商家自主选品	分为垂直类与全品类，商家自主设计生产，设计上捕捉消费趋势，商品迭代快；生产上采取小单快反模式
营销	平台流量 PPC（Pay Per Click）广告	搜索流量 通过社交平台、短视频平台、媒体、问答平台等进行灵活、差异化的广告投放，实现客户积累和交叉销售
物流	第三方物流＋卖家物流	自发货
代表平台	亚马逊、eBay、Wish、全球速卖通、Shopee	垂直类平台：SHEIN、YesStyle 全品类平台：兰亭集势

二、跨境电商主流平台介绍

（一）全球速卖通

1. 平台介绍

全球速卖通（AliExpress，简称速卖通）是阿里巴巴为了顺应电商全球化的趋势，在2010年成立的跨境电商平台，因其经营模式与淘宝网相似，因此也被大家叫作国际版淘宝。该平台让中小企业能够以小批量的方式快速且有保障地将跨境交易、跨境物流、跨境支付一体化。国内外的卖家和买家都是免费注册，这种免费注册的模式可以降低卖方的交易成本，从而降低商品的价格，使全球的消费者可以购买到物美价廉的中国产品，让中国产品更好地走出国门、走向全世界。全球速卖通平台页面如图1-3所示。

图1-3 全球速卖通平台页面

2. 平台特点

（1）进入门槛低　全球速卖通平台对卖家入驻设置的门槛比较低，没有企业规模、注册资金及组织方式的限制。卖家在平台上注册创立自己的店铺后，其店铺的产品就将面对全球200多个国家和地区的买家，可以满足大部分小商家想要快速做出口业务的需求。

（2）容易操作，交易流程简便　全球速卖通平台界面设置简单明了，无论是中文界面还是英文界面都比较清晰，对于初级卖家和买家很友好，并且阿里巴巴对于全球速卖通平台新手卖家提供客户和社区培训体系，帮助初级卖家快速入门。

（3）商品价格适中、品种多　全球速卖通平台上有大量卖家进行竞争，使平台上商品种类繁多，性价比高。国外消费者会越过自己国内的批发商和零售商，直接向中国的供应商提货，去掉了中间商的成本。

（4）应用大数据　全球速卖通平台使用来自物流企业、制造企业、研究机构的流量数据、行为数据等建立了海外市场信息的大数据库，使得卖家可以通过大数据精准了解并掌握买家的兴趣与购买偏好，基于此调整店铺的营销计划，进而提升店铺的交易额。

此外，全球速卖通平台还拥有独特的金融支持、多元的支付方式、特色的物流方式等特点。

（二）亚马逊

1. 平台介绍

亚马逊（Amazon）由杰夫·贝索斯在 1994 年成立，其总部位于美国西雅图，是最早开始经营电子商务的企业之一，也是美国最大的电子商务企业之一。亚马逊在刚开始成立的时候只销售书籍，1997 年上市之后，亚马逊开始扩张商品品类，目前已经成为全球零售商品品类最多的网络零售商企业。2004 年，亚马逊收购卓越网，开始涉足中国国内的市场。2012 年，亚马逊向中国卖家提供了"全球开店"项目，大量的中国卖家入驻亚马逊，向国外消费者销售中国的商品。亚马逊平台页面如图 1-4 所示。

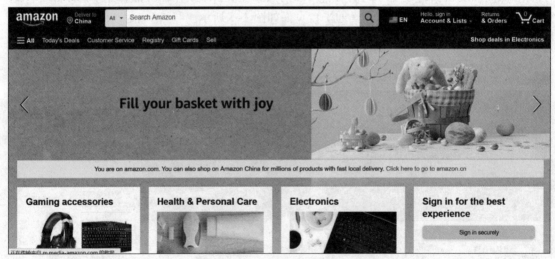

图 1-4　亚马逊平台页面

2. 平台特点

亚马逊相对于其他跨境电商平台主要有以下几个特点：

（1）重视商品，弱化店铺　亚马逊平台的主要运营目标是引入第三方卖家的商品，使商品品类更丰富，同时确保平台统一的品牌形象。因此，亚马逊平台并没有给卖家店铺提供较多自定义的选项，卖家对于店铺的发挥空间较小，同时卖家上传的商品必须符合亚马逊统一的品牌形象要求。

（2）进入门槛高，要求高　亚马逊平台会严格审查申请入驻的卖家企业的资质，只有通过平台层层审核以及筛选通过的卖家才可以正式入驻亚马逊。除此之外，亚马逊对卖家销售过程以及运营过程也有着严格的规则要求，卖家一定要遵守亚马逊平台设立的对于向买家提供服务的承诺，必须严格遵守平台对于卖家的严格规定。

（3）去个性化，注重商品价格、物流和售后服务　亚马逊平台不希望卖家太个性化，希望卖家上传的商品更符合平台统一形象，因此，亚马逊平台会引导卖家将注意力放在商品本身，提高商品的竞争力，加强售后服务能力。

（4）独具优势的全球物流服务　为了给消费者提供良好的物流体验，亚马逊平台建立了自己的物流体系——FBA。平台建议大部分在亚马逊平台从事经营活动的卖家选择亚马逊平台的 FBA 服务。

此外，亚马逊还具有数据统计能力强、重推荐、轻广告等特点。

（三）eBay

1. 平台介绍

eBay 于 1995 年 9 月在美国加利福尼亚州圣荷西创立，其经营模式是跨境 C2C，是一个可以让全球买家在线买卖商品的线上购物及拍卖的平台。eBay 平台的交易过程是完全自动化的，平台按照商品类别以及卖家需求提供拍卖服务，卖家上架自己想要出售的东西进行拍卖，买家可以对想要购买的东西出价。

eBay 拥有 PayPal 在线支付工具，业务覆盖广泛。在物流方面，eBay 与中国邮政进行合作，使中国供应商在进行跨境电商运营时更加快速、便捷。eBay 平台页面如图 1-5 所示。

图 1-5　eBay 平台页面

2. 平台特点

（1）独特的销售方式　eBay 最初成立时是一个拍卖网站，如今 eBay 依旧沿用了拍卖模式作为主要的销售模式，这是 eBay 平台区别于其他跨境电商平台的最大特点。除此之外，eBay 平台还可以结合拍卖和一口价两种方式销售产品，还可以选择定价出口、无底价竞拍等方式销售产品，销售模式的选择较多，比较灵活。

（2）对卖家要求严格　eBay平台对卖家经营的要求非常严格，既要求卖家保证产品的质量，又要求产品价格具有优势。除此之外，eBay平台对卖家违规行为制定了严厉的处罚标准。相比于其他平台，eBay平台的卖家在经营时需更加小心。

（3）专业客户服务　eBay平台会为买家提供专业的客户服务，用户可以通过平台以在线沟通或电话沟通的方式与客服沟通。

（4）支持二手交易　eBay平台不仅有卖家直接销售其生产的产品，还提供二手交易服务，这是其相对于其他平台来说的重要特色之一，并且二手交易达成的金额占交易总金额的比例较高，在国际上也具有一定知名度。

此外，与其他跨境平台相比，eBay还具有卖家入驻门槛较低、收款方式单一等特点。

（四）敦煌网

1. 平台介绍

敦煌网是国内第一个为中小企业提供B2B网上交易的平台，成立于2004年，也是全球领先的针对中小零售商的在线跨境交易平台。

敦煌网的盈利模式是佣金制，打破了以往的跨境电商经典盈利模式——会员收费制，即降低了卖家入驻的成本，降低了企业风险，又避开了与其他B2B跨境电商平台的竞争。敦煌网平台页面如图1-6所示。

图1-6　敦煌网平台页面

2. 平台特点

（1）优质的在线交易环境以及独立的供应链服务　敦煌网平台包含了跨境电商涉及的全部环节，并把每个环节都纳入自己的服务体系中。这种专业分工式的整合，将买卖双方从烦琐的交易中释放出来，使得交易流程由复杂变得简单。

（2）提供拼单砍价服务　为了降低订单的物流费用，敦煌网推出了拼单砍价服务。如果同时有许多商品需要发往同一个地方，敦煌网就会将相关的订单信息聚集起来，将这些商品打包后一起发送，从而帮助互相不认识的买家将商品拼到同一个集装箱中一起运输从而降低物流成本。

（3）靠强大的数据能力来保障业务的发展　敦煌网采用强大的数据能力作为支撑，使得自身可以更加了解客户的需求，实时观测到市场行情的变化以及自身业务的发展情况，从而可以更好地判断市场走势并及时调整改进自身的业务。

（4）专注于 B2B 跨境电商经营　敦煌网平台致力于做 B2B 跨境电商，主要客户是国内中小型供应商和国外中小型采购商，其面向的买家和卖家都是中小型企业。

（五）Wish

1. 平台介绍

Wish 是 2011 年在美国成立的全球移动跨境 B2C 购物平台，其绝大多数的交易是在移动端进行的。Wish 平台大部分卖家是中国供应商，平台用户众多，其中大多数消费者来自欧美地区，Wish 也是欧洲地区和北美地区最大的移动跨境电商平台。Wish 平台页面如图 1-7 所示。

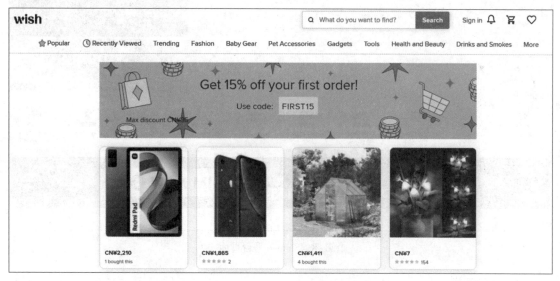

图 1-7　Wish 平台页面

2. 平台特点

（1）专注于移动端购物　Wish 平台专注于移动端购物，移动端的购物方式使得消费者可以利用其碎片化时间随时随地浏览商品并进行购物，购买时决策的过程相对较短。

（2）独特的商品推送原理　Wish 平台会根据买家的基本信息、买家的浏览购买行为，自动为消费者打上标签，并且会根据消费者行为的变化实时更新调整，根据算法推算其购买偏好，进行有针对性的推送。

（3）平台的流量特点　Wish 平台大部分的用户都来自移动端，买家主要来自欧美地区。

平台较大比例的流量都是借助互联网社交平台获取的，因此买家的互动性较高，以兴趣为导向浏览平台。

（4）用户标签化　Wish 平台为了更好地了解消费者的需求创造出一套独特的算法，即对消费者的基本信息、购买记录与浏览记录进行计算，而后根据计算结果给消费者打上标签，同时根据计算结果不断更新平台对消费者提供的推荐，从而提高推荐的准确性。

（六）Shopee

1. 平台介绍

Shopee（虾皮）是一个主要面向东南亚地区的电商平台。自 2015 年在新加坡成立以来，Shopee 业务范围辐射新加坡、马来西亚、菲律宾、泰国、越南、巴西等 10 余个市场。是国货"出海"东南亚的首选平台。Shopee 平台页面如图 1-8 所示。

图 1-8　Shopee 平台页面

2. 平台特点

（1）专注于移动端　同 Wish 一样，Shopee 也专注于移动端，顺应东南亚地区电商移动化的发展趋势。

（2）市场前景广阔　东南亚市场是 Shopee 的主要市场之一，东南亚市场人口基数大，具有较大的人口红利。同时，随着互联网技术的发展和智能手机在东南亚地区的普及，人们对网购的需求和理解日益加深，这为 Shopee 带来了庞大的用户基础。

（3）具有较强的社交属性　Shopee 拥有较强的社交基因，具有即时聊天功能，能够让买卖双方进行即时沟通，为买家带来更好的购物体验，有效地帮助卖家提高转化率，降低退单率和纠纷率，提高重复购买率。

任务三　跨境电商的现状与发展趋势

随着直播带货常态化，直播跨境电商也成为出海浪潮中的一个新风口，Shopee、Lazada 等东南亚电商平台近两年纷纷完善其应用内的直播功能，试图赶上这趟东风。TikTok 也于 2022 年 3 月份正式入驻东南亚各国。一时间，东南亚市场上直播带货呈现爆发式增长。

泰国在线支付网关 Omise 于 2022 年 6 月公开的数据显示，东南亚直播电商行业的商品交易总额（GMV）年增长率达 306%，订单量一年增长了 115%。

东南亚直播带货市场迎来流量红利期，与该地区互联网用户规模优势密不可分。数据显示，2021 年，东南亚互联网用户总数超 4.4 亿人，互联网渗透率达到 75%，互联网经济商品交易总额达 1740 亿美元，并且互联网消费群体偏年轻，印度尼西亚、马来西亚、菲律宾和越南四国 35 岁以下人口占比超过 50%。当前东南亚的直播带货已形成卖家、买家、平台不断相互促进、创新活跃的动态格局。

案例思考

作为跨境电商发展新趋势的直播电商在北美、欧洲市场遇冷的同时，为何在东南亚市场却异常火爆？

任务描述

过去十多年，我国跨境电商进出口规模持续扩大、中国品牌在海外声量水涨船高。同时，跨境电商行业也迎来许多新的发展趋势，如多平台布局成为行业共识、社交媒体平台成为日益重要的购买和营销渠道、海外直播电商方兴未艾等。

知识铺垫

我国跨境电商增势迅猛，已成为外贸发展的重要支柱。一方面，我国跨境电商监管政策不断完善，跨境电商综合试验区加速扩容，行业进入规范健康发展阶段。另一方面，以大数据、云计算、人工智能、区块链等为代表的数字技术全面渗透跨境电商各个环节，成为模式创新、效率变革的重要动力，跨境电商迎来发展新机遇。

学习实践活动

一、全球跨境电商的发展现状

过去十多年，全球跨境电商保持高增长态势。信息通信技术推动传统货物贸易方式升级改造，跨境电商平台、智慧物流、智能监管等新模式和新业态给国际贸易注入了新的活力。随着数字化与物流网络的快速发展，全球 B2C 电子商务市场持续增长，亚太地区成为全球跨境电商发展的主市场。

从国别发展看，发达经济体跨境电商发展较成熟，但发展中国家潜力巨大。一是发达国家跨境电商发展环境更佳，二是跨境电商市场规模相对均衡，三是发展中国家展现出极高的增长潜质。从交易主体看，企业与企业（B2B）之间交易额占绝大多数，企业与消费者（B2C）之间交易额相对有限。

二、我国跨境电商的发展现状

1. 跨境电商进出口规模持续扩大

海关总署统计的 2017—2021 年全国跨境电商进出口总额及增速情况如图 1-9 所示。跨境电商出口保持高速增长，充分验证了跨境电商出口的市场活力和增长韧性。

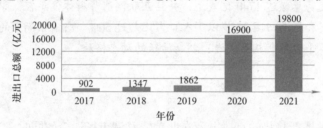

图 1-9　2017—2021 年全国跨境电商进出口总额及增速

2. 跨境电商相关企业注册量逐年上升

企查查的调查数据显示，我国 2022 年存在跨境电商相关企业 3.39 万家。从 2017 年到 2022 年，我国跨境电商相关企业注册量逐年上升。2021 年新增 10871 万家，同比增长 72.20%。从区域分布来看，跨境电商区域格局呈现东强西弱的态势。一是东部沿海地区规模处于领先地位，其中广东省远超其他地区。二是中西部地区跨境电商发展增速领跑全国。

3. 跨境电商产业生态持续优化

一是跨境电商物流基础服务不断完善。据商务部统计，我国海外仓数量从 2019 年超过 1000 个到 2021 年超过 2000 个，总面积超 1600 万 m^2，业务范围辐射全球，其中 90% 分布于北美、欧洲、亚洲市场。二是跨境电商金融服务从收结汇向全链条转变。三是数字人民币开始应用到跨境电商领域。

4. 政策层面持续支持跨境电商创新发展

为推动跨境电商发展，各级政府部门持续完善跨境电商支持政策，推进跨境电商综合试验区建设，见表 1-4。跨境电商已经成为外贸发展的新动能、转型升级的新渠道和高质量发展的新抓手。

表 1-4 各级政府部门持续推出的跨境电商支持政策

时 间	部 门	文 件 名 称
2020 年 12 月	人民银行 发展改革委 商务部 国资委 银保监会① 外汇局	关于进一步优化跨境人民币政策 支持稳外贸稳外资的通知
2021 年 1 月	交通运输部	关于服务构建新发展格局的指导意见
2021 年 2 月	中共中央、国务院	国家综合立体交通网规划纲要
2021 年 3 月	商务部 中国出口信用保险公司	关于进一步发挥出口信用保险作用 加快商务高质量发展的通知
2021 年 7 月	国务院办公厅	关于加快发展外贸新业态新模式的意见
2021 年 10 月	商务部 中央网信办 发展改革委	"十四五"电子商务发展规划
2021 年 11 月	商务部	"十四五"对外贸易高质量发展规划
2021 年 12 月	国务院	"十四五"现代综合交通运输体系发展规划
2021 年 12 月	国家邮政局	"十四五"邮政业发展规划
2022 年 2 月	国务院	关于同意在鄂尔多斯等 27 个城市和地区设立跨境电子商务综合试验区的批复

① 2023 年 3 月，在中国银行保险监督管理委员会的基础上组建国家金融监督管理总局，不再保留原机构。

5. 跨境电商综合试验区不断扩围

2022 年 11 月 24 日，国务院发布《关于同意在廊坊等 33 个城市和地区设立跨境电子商务综合试验区的批复》（国函〔2022〕126 号），同意在廊坊市、沧州市等 33 个城市和地区设立第七批跨境电子商务综合试验区。经过七次扩围，跨境电商综合试验区在空间分布上更为均衡，已经从沿海地区向中西部发展，从一线城市向三四线城市扩展。截至 2022 年 11 月底，我国共有跨境电商综合试验区 165 个，跨境电商不断助力传统产业转型升级、促进产业数字化发展。

小资料　中国跨境电子商务综合试验区

中国跨境电子商务综合试验区是中国设立的跨境电子商务综合性质的先行城市区域，目的是在跨境电子商务交易、支付、物流、通关、退税、结汇等环节的技术标准、业务流程、监管模式和信息化建设等方面先行先试，通过制度创新、管理创新、服务创新和协同发展，破解跨境电子商务发展中的深层次矛盾和体制性难题，打造跨境电子商务完整的产业链和生态链，逐步形成一套适应和引领全球跨境电子商务发展的管理制度和规则，为推动中国跨境电子商务健康发展提供可复制、可推广的经验。

2015 年 3 月 7 日，国务院同意在杭州设立中国首个跨境电子商务综合试验区。截至 2022 年 11 月，我国跨境电商综合试验区达到 165 个，实现了我国除港澳台外，内地 31 个省级行政区全覆盖。

三、我国跨境电商的发展趋势

1. 独立站成为我国跨境电商品牌出海的重要渠道

我国跨境电商正式进入以国内实力品牌为主力军的品牌全面出海阶段。除了转向新兴跨境电商平台，不少企业意识到过度依赖第三方平台的弊端，转向自建品牌独立站。近年来 Shopify 等独立建站系统技术的成熟使建站成本不断降低，Facebook、TikTok、Instagram 等社交媒体兴起带来流量红利，我国跨境电商独立站将从站群模式向 DTC 品牌模式发展。未来，我国跨境电商出口将加快向品牌化发展。独立站成为跨境电商未来发展的重要风向。

2. 跨境电商直播业态迅速发展

近几年我国市场的社交媒体直播购物迅猛发展，2022 年被称为我国跨境直播电商元年，国内不少跨境出口电商企业也洞察到了跨境电商直播带货的机遇。据测算，2021 年我国跨境直播电商规模达到 360 亿元，预计 2025 年将达到 8287 亿元。目前，跨境直播电商已成为国内各大平台发展跨境电商的重要途径。2020—2025 年我国跨境直播电商市场规模及预测情况如图 1-10 所示。

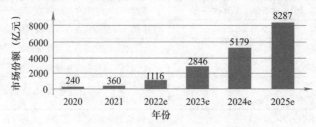

图 1-10 2020—2025 年我国跨境直播电商市场规模及预测

小资料 你听说过 TikTok 跨境电商吗

TikTok 跨境电商是指在 TikTok 平台上进行的跨境电商活动。具体来说，就是在 TikTok 上开设商铺，通过直播、短视频、推荐等多种方式，向全球用户销售商品。

1. TikTok 跨境电商模式

TikTok 跨境电商模式主要分为以下 3 种：

（1）直播卖货 通过直播展示商品，与观众互动，让观众在直播间下单购买商品。

（2）短视频推荐 通过短视频展示商品，让用户在观看视频时了解商品信息，从而吸引用户购买。

（3）品牌官方账号推广 通过官方账号展示品牌信息、产品介绍等内容，吸引用户关注，从而提升品牌知名度和销售额。

2. TikTok 跨境电商运营策略

TikTok 跨境电商的运营策略主要包括以下 4 个方面：

（1）产品策略 选择适合 TikTok 平台的产品进行销售，如美妆、服装、数码产品等，同时要保证产品的质量和品牌形象。

（2）营销策略 通过直播、短视频等方式展示产品，吸引用户关注和购买，同时要注重社交化营销，与用户互动，提高用户黏性。

（3）物流策略 选择可靠的物流渠道，保证商品的及时送达，同时要注重售后服务，提高用户满意度。

（4）数据策略 通过数据分析，了解用户需求和行为，不断优化运营策略，提高销售效率和用户体验。

总体来说，TikTok 跨境电商是一种全新的电商模式，通过多种方式吸引用户关注和购买，为品牌商家提供了更多的销售渠道和机会。未来，TikTok 跨境电商将会成为电商行业的一个重要趋势。

3. 全链路绿色化

在政策层面，国家鼓励跨境电商企业绿色发展，为碳达峰、碳中和贡献力量。2021年，在商务部发布的《"十四五"对外贸易高质量发展规划》中明确提出，构建绿色贸易体系，探索建立外贸产品全生命周期碳足迹追踪体系，鼓励引导外贸企业推进产品全生命周期绿色环保转型，促进外贸产业链供应链绿色发展。

在企业层面，国内主流跨境电商平台在政策与市场的双重指引下，通过数字化的方式，实现了物流供应链优化，包装耗材减少。跨境电商企业在包装、物流供应链管理等方面，持续探索绿色发展，打造全链条绿色发展。

4. 全流程智能化、便利化

随着大数据、云计算、区块链、人工智能等新一代信息技术与各领域的深度融合，未来跨境电商将在产品研发、科学备货、仓储配送、营销推广、客服售后等各环节形成全流程的智能化。近年来，我国与"丝路电商"伙伴国积极推动海关、税务、交通运输、资金结算等领域的标准衔接，将进一步提升跨境电商的便利水平。此外，随着RCEP的生效，亚太地区跨境电商在电子文件、电子认证、电子签名、海关等领域的便利程度也将大大提升。

小资料　RCEP——区域全面经济伙伴关系协定

RCEP，即区域全面经济伙伴关系协定（Regional Comprehensive Economic Partnership，RCEP）。2020年11月15日，东盟十国以及中国、日本、韩国、澳大利亚、新西兰15个国家，正式签署区域全面经济伙伴关系协定，标志着全球规模最大的自由贸易协定正式达成。2022年1月1日，RCEP正式生效。

RCEP的目标是消除内部贸易壁垒、创造和完善自由的投资环境、扩大服务贸易，还将涉及知识产权保护、竞争政策等多领域。

四、全球主要跨境电商市场

1. 北美市场

北美市场通常指的是美国、加拿大和格陵兰岛等地区。北美地区是世界上经济最发达的地区之一，其人均GDP超过了欧洲，也是世界15个大区之一。北美市场是中国跨境电商出口的主要市场，其中美国是世界上最大的电子商务市场之一，在线买家数量众多，在线消费能力强，市场容量大。未来几年，北美市场仍将是跨境电商出口企业的必争之地。

2. 欧洲市场

根据欧洲电商协会的统计数据，2021年，欧洲电商交易额达到7180亿欧元，比2020年增长13%，保持着较快的增长趋势。欧洲电商市场之所以有这样的表现，一方面在于欧洲拥有成熟的西部、北部市场，以及增长迅速的南部市场和新兴的东部市场，增长空间大；另一方面，欧洲移动设备渗透率非常高，非常有利于移动电商的发展，且发展潜力巨大。

3. 亚太市场

亚太地区是全球增速最快的跨境电商市场，也是全球最大的跨境电商零售市场。综合来看，日本和韩国跨境电商成熟度较高；而从网络用户规模来看，中国和印度庞大的人口基数使得其在亚太地区拥有其他地区无法比拟的优势。未来几年，亚太地区将以其庞大的市场规模和强劲的增长潜力成为全球最重要的区域市场，且其 B2C 电商交易额占比将持续增加。

4. 俄罗斯、南美市场

俄罗斯国内的重工业和轻工业比例失衡，对服装、鞋子、电子产品、配饰等日常消费品的进口需求很大。近几年，俄罗斯跨境电商市场发展迅猛，中国作为其主要交易国，占据了一半以上的市场。

南美市场也是一个发展很快的市场，而且发展潜力很大。随着互联网普及率日益提高及社交媒体的广泛使用，南美人口红利带来的潜在消费群体不断扩大。截至 2021 年，巴西智能手机用户超过 1.3 亿，智能手机的普及率超过了 65%，且这个比例还有相当大的上升空间。

5. 其他市场

除了上述几大跨境电商市场外，中东市场和非洲市场的表现也比较出色。中东的人口基数庞大，市场广阔，消费者的平均年龄较小。同时，由于互联网的高普及率，中东的跨境网购行为较为频繁，尤其是当地的产油国，物资缺乏但很富裕，也促成了人们对于网购的热情。例如，以色列和沙特阿拉伯两个国家在中国的兰亭集势、敦煌网和全球速卖通平台上都有较好的流量表现。

非洲人口众多。南非和尼日利亚网络零售的发展速度在非洲居于领先位置，它们都被视为非洲重要的新兴市场，当地越来越多的居民参与跨境购物，未来值得期待。

任务四　认识跨境电商的岗位

案例导入 **跨境电商太火，人才告急**

2023 年 2 月 10 日，在青岛跨境电商人才专场招聘会上，时任青岛某皮草有限公司总经理在接受采访时说道："我做传统外贸 15 年了，主营皮草出口，新形势加速了我们线上跨境电商的布局。本来我们想自己组团队在 eBay、亚马逊等平台运营自己的网店，没想到问题出在了招聘上。"该负责人表示，从传统外贸转型开展跨境电商的外贸同行不少，但大家普遍反映缺乏优秀的跨境电商运营人才。半年多来，企业不断通过人脉圈"求才"，最终却不得不采用代运营的模式，将网店的设计、客服等都放在了广州。

"皮草单品售价较高，必须非常注重网店图片呈现的质感。除了专业运营人员外，还有摄影、设计、文案等团队人员，缺一不可。"跨境电商对人才的要求越来越高，要求从业者熟稔全球速卖通、亚马逊等各大跨境电商平台的运营，也需要有良好的外语功底，尤其是小语种。此外，还需要了解国际物流并具备良好的沟通能力。

受产业迭代影响，跨境电商运营人才成为行业的"香饽饽"，行业给出的薪资也颇为诱人。

案│例│思│考

在当前跨境电商行业异常火爆的情况下，跨境电商企业究竟需要什么样的人才呢？

任务描述

根据对人才能力要求的不同，跨境电商企业主要岗位可以分为初、中、高级三个层次，每个层次的不同岗位具有不同的职业素养要求。从事跨境电商行业的人员需要具备一定的综合素质，并具备该行业相关专业的职业能力。

知识铺垫

无论是个人还是企业，要想从事跨境电商行业，不仅要对跨境电商交易的各个环节及其具体流程有清楚的认知，还要明确跨境电商行业中的岗位设置及对人才能力的要求。

学习实践活动

一、跨境电商岗位分析

根据对人才能力要求的不同，跨境电商企业主要岗位可以分为三个层次。

1. 初级岗位

初级岗位的人员需要掌握跨境电商行业的基本技能，对跨境电商的业务流程有所了解，并能处理相关事务，是"懂跨境电商如何做"的基础型人才。具体来说，初级岗位主要包括客户服务、视觉设计、网络推广、跨境物流、报关等。跨境电商企业初级岗位的职业素养要求见表1-5。

表1-5　跨境电商企业初级岗位职业素养要求

岗 位 名 称	职业素养要求
客户服务	能够利用电话、邮件等方式熟练地运用英语、德语、法语或其他小语种与买家进行有效的沟通交流。其中，售后客服人员还要对不同国家或地区的相关法律法规有所了解，能够灵活地处理知识产权纠纷
视觉设计	精通视觉美学和视觉营销，能够拍摄合适的商品图片，并能设计美观的商品详情页；能够设计并装修出精美的店铺主页
网络推广	能够熟练地运用计算机技术对商品进行编辑、上传和发布，掌握搜索引擎优化技术、网站检测技术与基本的数据分析方法，并能运用这些技术进行商品推广
跨境物流	了解国际订单处理、跨境电子商务通关、检验检疫的规则和流程，处理海关、商检等环节的工作
报关	全面负责企业进出口商品报关方面的日常事务和管理工作，组织实施并监督报关业务的全过程，追踪并掌握商品在报关和查验环节的情况，出现问题及时解决

小案例

米纯公司是广州一家服装生产企业，近年来开始涉足跨境电商领域，先后在全球速卖通、亚马逊平台上开通了企业店铺，销量和利润都取得了爆发式的增长。为了更好地服务客户，公司拟组建专门的客户服务团队进行平台业务咨询和回复。由于对跨境电商客户工作了解不深，想具体了解跨境电商客户服务工作的主要职能、客服人员及客户服务的指导思想，以期更好地完成团队建设和培训。根据以上内容，请回答以下问题：

1. 跨境电商客户服务的主要工作职能有哪些？
2. 跨境电商客户服务工作人员应需要具备哪些基本技能？

2. 中级岗位

中级岗位的人员是熟悉跨境电商运营业务的商务型人才，其对现代商务活动有一定的了解，掌握跨境电商的基础知识，是"懂跨境电商能做什么"的新型专业人才。中级岗位主要包括市场运营管理、采购与供应链管理、国际结算管理等。跨境电商企业中级岗位的职业素养要求见表1-6。

表1-6　跨境电商企业中级岗位职业素养要求

岗 位 名 称	职业素养要求
市场运营管理	不仅要精通互联网技术，还要精通网络营销推广，能够运用网络营销手段开展商品推广工作，如商品信息编辑、活动策划、商业大数据分析、用户体验分析等
采购与供应链管理	负责企业整个供应链的运作，保证商品采购、生产、仓储、配送等环节的正常进行，能根据不同国家（地区）买家的文化心理、生活习俗、消费习惯、消费特点等采购合适的商品，并且能与商品供应商保持稳定的合作关系
国际结算管理	掌握并能灵活地运用国际结算中的各项规则，有效控制企业的国际结算风险，提高企业在贸易、出口、商品及金融等领域的综合管理能力和运用法律法规的水准

3. 高级岗位

高级岗位的人才要对跨境电商前沿理论有清楚的认识，具有前瞻性思维，能将跨境电商的经营上升至战略层次，洞察并把握跨境电商的特点和发展规律，并能引领跨境电商产业向前发展，是"懂为什么要做跨境电商"的战略型人才。因此，这个级别的岗位所需要的人才是对跨境电商有高度认识的高级职业经理人，以及能够促进跨境电商产业发展的领军人物。

跨境电商企业高级岗位的职业素养要求见表1-7。

表1-7　跨境电商企业高级岗位职业素养要求

岗 位 名 称	职业素养要求
高级职业经理人	具有管理和掌控跨境电商企业的综合素质
跨境电商领军人物	具有前瞻性思维，能够引领跨境电子商务产业发展

二、跨境电商职业能力分析

从事跨境电商行业的人才需要具备多项综合能力，不仅要具有国际化视野、跨境电商理念和跨文化交际意识，熟悉国际贸易和跨境电商交易的基本流程，掌握用商务英语进行沟通、谈判和处理网店事务的能力，了解跨境电商平台、国际产权和国际物流知识，还要具备跨境电商平台操作、客户开发和维护、询盘和订单处理、网络营销和推广能力。

1. 综合素质

从事跨境电商行业的人员需要具备一定的综合素质，要拥有国际化视野和创业意识。跨境电商人才需具备的综合素质见表1-8。

表1-8　跨境电商人才需具备的综合素质

综合素质	素质要求
职业素质	具有良好的职业态度和职业道德修养，具有正确的择业观和创业观；坚持职业操守，爱岗敬业、诚实守信；具备从事职业活动所必需的基本能力和管理素质；脚踏实地、严谨求实、勇于创新
人文素养与科学素质	具有融合传统文化精华、当代文化潮流的宽阔视野；具有文理交融的科学思维能力和科学精神；具有健康、高雅、勤勉的生活工作情趣；具有适应社会核心价值体系的审美立场和方法能力；奠定个性鲜明、善于合作的个人成长成才的素质基础
国际化视野	具有国际化的意识和胸怀，能够与不同文化背景的人进行交流和沟通，善于在竞争中把握机会，争取主动
创业意识	了解跨境电商对国际贸易的影响、跨境电商背景下创业的特点、趋势、方法和技巧
跨境电商意识	充分认识到在电商时代，外贸行业"危"和"机"并存，跨境电商不再是一种营销途径和方法，而是一种经营模式和理念
身心素质	具有一定的体育运动和生理知识，养成良好的锻炼身体、讲卫生的习惯，掌握一定的运动技能，达到国家规定的体育健康标准；具有坚忍不拔的毅力、积极乐观的态度、良好的人际关系、健全的人格品质

2. 职业能力要求

跨境电商人才还要具备该行业相关专业的职业能力，见表1-9。

表1-9　跨境电商人才职业能力要求

能　力	具体要求
职业通用能力	在跨境电商各种交易环境下熟练地使用外语与买家进行沟通的能力； 熟悉国际贸易知识和流程； 跨文化意识和交际能力； 熟练地使用基本办公软件（Word、Excel、PowerPoint、Photoshop等）的能力；熟悉国际贸易地理、国际船务航线和国际快递知识，并熟练地应用
职业专门能力	熟悉各种跨境电商平台及其定位与经营模式； 网店选品和定价能力； 商品图片处理能力； 商品信息上传和优化能力； 熟悉物流公司和各类跨境物流模式，具备跨境物流定价能力； 熟悉国际知识产权、商标、专利等方面的知识，具备知识产权、商标、专利风险识别和侵权处理能力； 熟练地应用各类站内外推广工具的能力
职业综合能力	利用各种工具和平台有效地进行客户开发、维护和管理的能力； 根据具体跨境电商平台和店铺有效地进行站内、站外和全网营销和推广的能力； 店铺询盘，订单、物流综合管理能力； 具备跨境电商创业意识和创业项目可行性分析能力
职业拓展能力	国际船务和货代处理能力； 国际会展策划、组织、接待、协调能力； 跨境电商网页设计能力； 移动跨境电商运营能力

巩固提高

一、单项选择题

1. 按照交易主体属性的不同，跨境电商分为 B2B、B2C 和 C2C 三种模式，其中 B2B 是指（　　）。

    A．企业对个人消费者　　　　　　　　B．个人消费者对个人消费者

    C．企业对企业　　　　　　　　　　　　D．企业对政府

2. 下面不属于跨境电商与国内电商区别的是（　　）。

    A．跨境电商与国内电商的交易风险不同

    B．跨境电商与国内电商的服务标准不同

    C．跨境电商与国内电商的业务环节不同

    D．跨境电商与国内电商的适用规则不同

3. 跨境电商无形性的特征指的是（　　）。

    A．跨境电商的交易过程主要是在互联网上进行

    B．跨境电商监管是无形的

    C．跨境电商交易的都是无形产品

    D．跨境电商的买卖双方不见面

4. 首个中国跨境电商综合试验区位于（　　）。

    A．深圳　　　　　　B．上海　　　　　　C．北京　　　　　　D．杭州

5. （　　）是东南亚地区的跨境电商平台，业务范围辐射新加坡、马来西亚、菲律宾、泰国、越南、巴西等 10 余个市场，是东南亚发展最快的跨境电商平台，是国货"出海"东南亚首选平台。

    A．Wish　　　　　　B．Shopee　　　　　　C．Amazon　　　　　　D．eBay

6. （　　）是全球增速最快的跨境电商市场，也是全球最大的电商零售市场。

    A．北美市场　　　　　B．欧洲市场　　　　　C．东南亚市场　　　　　D．亚太市场

二、多项选择题

1. 与传统国际贸易相比，跨境电商的特点有（　　）。

    A．商品类目少，更新速度慢

    B．订单集中、周期长

    C．面向全球市场，规模大，增长速度快

    D．争端处理不畅，效率低

2. 根据平台运营模式的不同，跨境电商平台可以分为（　　）两种模式。

    A．第三方平台　　　　　　　　　　　　B．B2B

    C．独立站　　　　　　　　　　　　　　D．全球购

3. 按照商品流向的不同，跨境电商可以分为（　　）两种模式。

    A．进口跨境电商　　　　　　　　　　　B．直购进口

    C．保税进口　　　　　　　　　　　　　D．出口跨境电商

4. 下列哪些平台属于跨境电商 B2B 代表性电商平台？（　　　）

  A. 中国制造网   B. 阿里巴巴国际站

  C. 全球速卖通   D. 环球资源网

  E. 敦煌网

5. 我国的进口跨境电商自 2005 年以来，至今共经历了哪三个时代？（　　　）

  A. 代购时代   B. 海淘时代

  C. 跨境进口时代   D. 跨境出口时代

三、判断题

1. 跨境电商的即时性是指跨境电商在线交易双方信息的交互几乎同时发生，与交易双方的实际时空距离无关。（　　　）

2. 跨境电商只需要遵守国内电子商务行业的相关法律法规和各电子商务平台的规则，而国内电子商务需要遵守的规则更多、更细、更复杂。（　　　）

3. 相较而言，国内电子商务要比跨境电商的风险小得多。（　　　）

4. 与传统国际贸易相比，跨境电商支付方式包括汇付、托收、信用证、信用卡支付、网络银行支付、第三方支付工具（如支付宝国际版、PayPal）等，支付方式更加多样化。

（　　　）

5. 跨境 B2C，即消费者对消费者，主要是指通过第三方交易平台实现的个人对个人的电子交易活动。（　　　）

6. 亚马逊于 1995 年 9 月在美国加利福尼亚州圣荷西创立，其经营模式是跨境 C2C 模式，是一个可以让全球买家在线购买商品的线上购物以及拍卖的平台，是全球最大的跨境电商平台之一。（　　　）

四、简答题

1. 跨境电商的特征有哪些？

2. 跨境电商与国内电子商务相比有哪些不同？

3. 跨境电商与传统国际贸易有哪些不同？

4. 我国跨境电商的发展趋势如何？

5. 跨境电商人才需要具备的职业能力有哪些？

五、案例分析

敦煌网

敦煌网（DHgate）于 2004 年创立，是领先的全球中小零售商一站式贸易和服务平台。敦煌网以"促进全球通商，成就创业梦想"为使命，以"全球领先的跨境电商中小微企业数字化产业中台"为愿景，专注小额 B2B 赛道，为跨境电商产业链上中小微企业提供"店铺运营、流量营销、仓储物流、支付金融、客服风控、关检汇税、业务培训"等全链路赋能，帮助中国制造对接全球采购，实现"买全球，卖全球"。

敦煌网在品牌优势、技术优势、运营优势、用户优势四大维度上，已建立起难以复制的竞争优势。目前拥有 230 万以上累计注册供应商，年均在线产品数量超过 2500 万，累计注册买家超过 3640 万，覆盖全球 223 个国家及地区，提供 100 多条物流线路和 10 多个海外仓，71 个币种支付能力，在北美、拉美、欧洲等地设有全球业务办事机构，是商务部重点推荐的中国对外贸易第三方电子商务平台之一，国家发改委"跨境电子商务交易技术国家工程实验室"，科技部"电子商务交易风险控制与防范"标准制定课题应用示范单位，工信部"全国电子商务指数监测重点联系企业"，被工信部电子商务机构管理认证中心列为示范推广单位。

问题：

敦煌网属于哪种跨境电商模式？它的内涵是什么？

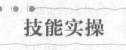

技能实操

学生实操手册工单

姓名		班级		学号	
性别		专业			
工单任务	主流跨境电商平台分析报告				
任务内容	在了解跨境电商的基本概念、特征、发展状况和趋势的基础上，理解当前跨境电商的主要模式，熟悉主流跨境电商平台，基本掌握各主流平台的规则及操作方法。 通过访问、注册、登录全球速卖通、亚马逊、Wish 三大主流 B2C 平台，熟悉这三大平台的特点、功能板块及具体的操作流程。 操作步骤： 1. 进入全球速卖通、亚马逊、Wish 三大平台官网，了解产品信息，从买方的角度分析各平台的特点。 2. 在全球速卖通、亚马逊、Wish 三大平台分别注册账户，登录后台，从卖方的角度了解各平台的特点、模块和功能。 3. 比较三大平台的相同点和不同点，并进行分析，根据自己的分析撰写一份实训报告。				
任务要求	格式要求： 1. 字体：微软雅黑。 2. 字号：正文小四。 3. 间距：单倍行距。 内容要求：图文结合、图表结合。 结果要求：依据分析得出具体结论。				

项目二

跨境电商选品策略

学习目标

知识目标

- 了解选品逻辑和原则
- 理解选品标准和注意事项
- 掌握全球跨境市场选品渠道
- 了解主流选品工具

能力目标

- 能够对全球跨境市场进行调研
- 能够对全球跨境市场细分,进行市场定位
- 能够利用选品策略进行选品
- 能够依据全球速卖通平台站内和站外工具进行选品
- 能够依据Shopee平台站内和站外工具进行选品

素质目标

- 明确新时代学生的责任和担当,激发学生的爱国情怀和爱岗敬业精神
- 引导学生专注于某一领域,植根细节,精益求精
- 引导学生热爱生活,培养学生的观察能力和创新精神
- 增强学生的产权意识和规避风险意识

学习路径图

选品的逻辑和原则	全球跨境电商市场选品渠道	跨境电商市场主流平台选品
选品逻辑思路 选品的原则 选品标准 选品注意事项	分析全球跨境电商市场 全球跨境电商市场选品策略 全球跨境电商市场选品工具 建立货源渠道	全球速卖通平台选品策略 Shopee 平台选品策略

任务一　选品的逻辑和原则

案例导入　做好精细化选品，小类目也有春天！

　　外形逼真、造型多变的球形关节人偶是玩偶行业的一类细分市场，为了实现差异化竞争，与同行区别开来，Oueneifs 提出了"全手工定制"的定位。据了解，目前店铺定制涉及的参数包括肤色、发色、手型等，客户可定制模块达到数十个，每个模块可定制的选型也有多种选择，因为定制属性，客户的参与度非常高。同时店铺一直非常重视客户评价，定期收集意见，反馈到前端产品定制开发环节。比如之前玩偶的手型不够丰富，在买家的建议下，逐渐增加更多的手型供选择。

　　Oueneifs 还推出了一周 7 天，每天 24 小时的客服服务，更贴心地服务老客户，客服轮流值班，第一时间响应消费者，帮其解决售中售后问题。店铺还加入了全球速卖通平台的无忧售后服务计划，消费者购买商品 15 天内不满意可以退货。对于高客单价的定制化产品来说，这一招是有风险的，但是 Oueneifs 认为"为了超出客户的期待，我们需要承担这个风险"。Oueneifs 独特的定制模式给了客户更加多样化的选择，虽然这块市场小众化，但其产品平均客单价高达 80～90 美元。基于长期的精细化选品和运营，店铺粉丝复购率高达 60%，已成为全球速卖通平台上该品类海外目标客户的第一选择。

案|例|思|考

　　Oueneifs 通过何种方式成为全球速卖通平台上该品类海外目标客户的第一选择？

▼ 任务描述

　　跨境电商进行市场选品，要有正确的逻辑思维方法，清楚选品的逻辑思路，遵循选品的原则，掌握选品标准，熟悉选品的注意事项。卖家应该了解全球跨境电商市场，进行市场调查研究并结合选品的逻辑和原则，选定自己要销售的产品。

知识铺垫

所谓"选品"，就是选择合适的产品并且上传到自己的店铺页面中。在跨境电商的经营中，产品的选择非常重要。选品好，能为运营好店铺奠定基础。选品不能凭借主观感觉决策，而是要有依据，遵循一定的选品原则。

学习实践活动

一、选品逻辑思路

1. 广泛罗列

对于跨境电商的卖家来说，选品第一步是要有一个大范围、多类目的思维，而不是将目光局限在某一个品类上。认真分析过上千款产品之后，就会逐步有选品思路。前期的大量分析是制胜的关键，量变达到质变，选品才会有结果。这就要求卖家在选品的初期，先把所有能做的选项都罗列出来，广泛涉猎多个类目的产品，拓展自己的思路，这样才能从众多类目中选到最适合自己的类目和产品作为自己的发展方向。

2. 专业分析

卖家选品的初期，也许在很大程度上凭借的是直观感觉或比较基础性的分析，选出哪些能做，再根据自身的能力进行筛选。当店铺规模发展到一定阶段，卖家需要向专业的方向努力，卖家只有具备了足够高的专业度，对行业有足够的认知，才能在当前几乎透明的市场状态中胜过竞争对手。

3. 精准选择

经过广泛罗列和专业分析后，选品的思路就会逐渐清晰，卖家对产品的理解也会越来越深刻，通常分析后的结果不止一个，在这个基础上，卖家在选品上要做的是精挑细选，反复筛选。卖家需要尽可能地结合大数据分析来辅助选品，借助大数据分析工具，多维度收集相应的销售数据。与个人认知相比，大数据能够反映出更加客观的内容，卖家可以从中挖掘出一些之前未曾意识到的信息和产品，进行精准选择。

4. 微创新

跨境电商市场的竞争越来越激烈，如果想要获得竞争力，就必须创新。无论从事什么行业，卖什么产品，更新必不可少，熟练后的卖家可以在新手卖家的基础上对产品进行微创新，找到现有产品的不足，进行差异化的产品创新，挖掘本土化改造的空间，比如加入一些宗教和节日的元素。同时，产品的质量也非常重要，卖家选品要有质量意识、产权意识和规避风险的意识。

车载剃须刀产品之微创新

随着跨境电商市场竞争越来越激烈，如果想要获得竞争力，就必须创新。下面我们来看一款车载剃须刀产品的微创新成功之处。这款多功能剃须刀，将众多功能集合在一起。

首先进行市场需求分析。这款产品主要是针对有车一族的用户，车里经常会带着一个剃须刀，方便随时剃须以维持形象。这款剃须刀可以直接充电使用，同时它还设计了两个 USB 接口，支持 2.1A 快速充电，可以同时对手机、平板进行充电，使用起来很方便，也相当于一个车充扩展器。再有就是安全锤功能，可以说非常实用。剃须刀具有快充功能，1 小时即可充满电，并可超长续航约 90 天。重要的是它还非常小巧，无论是放在车里还是装在包里都很适合。从价格方面分析，虽然这款产品融合了多种功能，但它的性价比非常高。

从这个案例中，我们可以得出做微创新产品时需要注意哪些要点？

5. 创立品牌

跨境电商的发展趋势，是发展自有品牌，跨境电商平台更是国内品牌出海的好途径。卖家选品时更应该注重品牌的选择，看产品对应的品牌在所属品类上的竞争力，品牌化是产品营销的必然结果。对经验丰富的卖家来说，可以进行产品的自主研发创造，这就需要有团队和资金的支持。跨境电商卖家应该将目光放长远，树立良好的品牌意识，致力于创建和发展自有品牌。例如全球速卖通平台非常重视品牌建设，致力于助力中国跨境商家品牌出海，对品牌卖家有一定的扶持，能够帮助卖家更快地打造出自己的品牌。

6. 长期推广

选品是一个长期、重复和坚持的过程，它贯穿店铺运营的始终。产品的生命周期有四个阶段：导入期、成长期、成熟期和衰退期，而且这四个阶段的市场需求、资本投入和销售盈利存在着极大的差别，卖家应根据产品的生命周期，长期坚持地做选品活动，反复精选，有针对性地做产品推广，让自己在拥有热卖爆款的同时，也能够开发有潜力的趋势款，才能事半功倍。

二、选品的原则

1. 市场需求原则

（1）目标市场规模 从市场容量出发，了解供求关系，把控消费者的需求点，来确定一个产品是否符合市场的发展需求。市场需求量大的产品，才能带来可观的销量。选品要从目标市场规模出发，卖家要学会分析市场，选择能够满足市场发展需求的产品。

（2）买家消费水平 买家收入水平的差别，直接影响他们消费习惯。当买家收入只能满足基本的生活需求时，消费习惯肯定是注重优惠折扣，精挑细选，喜欢性价比高的产品。高收入人群则更注重产品的质量，注重品牌优势和个人喜好。这就需要卖家细分目标消费人群，可以把店铺的产品按照目标消费人群分类，同类产品覆盖不同价格区间。比如，0～50 元一档，50～99 元一档，99～149 元一档等。

（3）消费者偏好　了解消费者的选择偏好，才能知己知彼，百战不殆。跨境电商市场广阔，各国及各地区消费者的消费习惯、生活习惯、宗教信仰、文化背景等都不同，同样的一件商品不可能适合所有国家及地区的消费者。例如，销往加拿大市场的服装在东南亚市场就不一定受欢迎，因为加拿大大部分城市气候寒冷，主要需要秋冬季服饰；而东南亚国家及地区气候炎热，夏季服饰更为畅销。消费者偏好需要借助数据分析工具去判断，包括平台站内数据分析工具（比如全球速卖通生意参谋、Shopee官方微信公众号、市场周报等）和站外数据分析工具（比如谷歌趋势、电霸等）。

（4）产品的价格　卖家在判断类目合不合适做、能不能做、值不值得投入的时候的一个重要判断标准是商品的价格。比如服装服饰类目，需求量大，销量大，但是产品供给的数量也很大，常常一个产品关键词搜索下面就是几百万个产品，卖家想要选择服装类目，就要调研跨境电商平台上热销服装的均价、销量、成本和利润，当你不能够达到同等标准的时候，就要谨慎考虑做一样的同款产品或者是跟卖。

卖家选品的时候既不要选择价格太高的产品，也不要选择价格太低的产品。一方面，如果产品价格太高，备货成本高，同时能够承受该价格的消费者数量有限，产品无法形成量的优势，不容易打造爆款；另一方面，在跨境电商交易中，运费是一大考虑因素，通常跨境运费都不便宜，而如果产品的价格太低，客户会感觉到运费占比过高，从而放弃购买。

（5）替代品数量　替代品是指两种产品存在相互竞争的销售关系，即一种产品销售量的增加会减少另一种产品的潜在销售量。替代品越多的产品越不具有竞争的优势，比如猪肉涨价了，消费者还可以选择牛肉、羊肉、鸡肉，这些都是猪肉的替代品。在跨境电商平台上也是同样的道理。因此，卖家需要不断对产品进行创新，当某款产品在跨境平台上找不到同款或者相似品，替代品数量又少的时候，这个产品就具有竞争优势，这款产品的卖家就可以掌握定价权。

（6）互补品选择　互补品是指两种商品之间存在着某种消费依存关系，即一种商品的消费与另一种商品的消费相配套，比如化妆品和卸妆油。互补品可以做组合促销，这样有助于提高转化率。

（7）消费心理预期　消费心理预期是指在消费过程中，消费者对所要购买的商品，通过个人认知所确定的心理上所期待的或能承受的商品的价格和性能的合体。消费心理预期主要通过产品关键词搜索量、店铺的购物车，还有在店铺粉丝关注中显示，若消费者对某类产品感兴趣，该产品的关键词搜索量就会增加，可以去跨境平台的前台进行分析。同时，卖家提前看好产品进行收藏或者将产品加入购物车，也是一种心理行为。由于价格、运费或其他种种原因，某些产品被很多买家收藏，或者加入了购物车却未付款，卖家在调研消费心理预期的时候，可以去看看平台卖家们店铺的粉丝数量和产品的收藏数量。

2. 货源优势原则

决定跨境电商能不能长远发展的主要原因中，位居首位的就是"货源"。当确定做什么产品后，首要任务就是寻找一个稳定的货源供应，"同样的质量比价格"，这就要求卖家在保证质量的前提下，尽可能地降低成本，优质的货源无疑是卖家获得更多订单、赚取更多利润的基础，因此选择进货渠道的时候要从多方面入手。

小资料 做跨境电商，这15个货源网站你知道吗？

1．阿里巴巴1688：阿里巴巴1688是现在很多没有货源优势的电商卖家首选的货源途径，也是目前国内最大的货源网站，货源种类丰富齐全。

2．中国制造网：中国制造网是国内综合B2B电子商务平台，覆盖全行业品类，更侧重于工业、电子等方面。

3．义乌购：义乌购是义乌小商品市场线上平台，覆盖义乌国际商贸城、服装市场、义乌国际生产资料市场、义乌进口商品城等7.5万商位、350万商品，线上线下对应。

4．包牛牛：包牛牛是一家专门做箱包货源批发的网站，汇集河北、广州数千家经过严格认证筛选的供货商，为全国各地电商卖家、批发零售商提供新款箱包。

5．环球华品：环球华品是为跨境电商卖家提供海量优质外贸货源的分销平台，专业的产品描述及图片；亚马逊、全球速卖通、eBay、wish、Lazada等多平台对接，支持一键刊登、一件代发至全球。

6．世界工厂网：是企业电子商务综合服务平台，为企业提供线上建设服务。

7．托尼斯：是一家专门做分销的网站，一手货源，一件代发全球，为跨境电商卖家及国内买家提供海量优质货源的分销平台。

8．网商园：网商园是全国较早成立的服装服饰类货源分销平台，提供一键上传、一件代发、15天可退等一系列服务，以男装为主。

9．17网：17网是全球专业的服装货源批发网站，汇聚广州、杭州、揭阳、普宁等地的服装批发市场，提供女装、男装、箱包、鞋子等一手货源批发。

10．货捕头：经营服装货源，所有商品都支持一件代发，且可以无理由退换货。

11．1688拿货网：1688拿货网是专业的微商货源平台，1688阿里巴巴网店批发网、是集微商代理、微商加盟于一体的货源批发网站，有奢侈品、箱包、童装、男女装、运动鞋微商一手货源。

12．搜款网：搜款网是广州最大的网批平台，覆盖广州各地服装批发市场，提供阿里巴巴、淘宝、天猫、京东、蘑菇街、美丽说等平台，以女装为主。

13．衣联网：衣联网是网上服装批发市场的领航者，汇聚了广州、杭州、深圳、浙江等服装批发市场。

14．玩具巴巴：玩具巴巴是一个专业玩具B2B网站，每天有近千款新产品上架，是全球玩具采购商采购产品的重要工具。

15．91家纺网：91家纺网是一个专为叠石桥本地家纺企业提供产品信息、商务合作、品牌宣传的电子商务平台。

3．兴趣使然原则

卖家在选品的初期，首先要从自己感兴趣的产品入手，这样卖家才愿意花费更多的时间去了解产品的功能、品质、特性和用途，才有动力投入更多的精力去研究产品的目标消费群体、产品优势等。卖家更需要去了解产品本身的特点，只有对产品有充足的认识，才能自信地描述出自己产品的优势，切实解答客户关于产品的疑问，提升客户对产品的信任。

4. 平台特性原则

每个平台在架构的时候，都是有自己的定位的。平台特性各不相同，热销品类也不相同，卖家要对不同的跨境电商平台有足够的了解，掌握不同平台的不同特性和平台的商业理念。卖家在选品的初期，一定要明确你做的产品准备是在哪一个平台销售，针对平台特性选择合适的产品，知道自己选择的平台哪些品类是平台大力扶持的，哪些品类是热销品，知道什么样的产品更容易获得平台推荐等。

5. 产品特点原则

如果卖家不能找到蓝海类目或者因为货源供应链限制，卖家只能在同质化产品中竞争的时候，产品的质量就非常重要，要从质量着手，同样的价格拼质量，当买家以同样的价格买到不同店铺的同类产品之后，产品质量的优劣往往决定了回购率的高低。特别对于一些代购或者小额批发买家，如果卖家可以在产品质量上胜出，就可以留住这些优质的买家，从而提升店铺的销售额。

同时新产品开发速度和订单发货速度也非常重要。设计团队是否可以比同行以更快的速度完成新产品的开发设计，是否可以比同行更快地把包裹送达，这对于跨境电商卖家来说至关重要。

三、选品标准

1. 利润丰厚且复购率高的产品

如果想要盈利，选择利润丰厚的产品是必需的。卖家要确保产品具有可观的毛利润，选品的时候就必须对产品的毛利进行评估。计算毛利的公式如下：

单品毛利 = 销售单价 − 采购单价 − 单品运费成本 − 平台费用 − 引流成本 − 运营成本

那么，为什么要选择复购率高的产品呢？复购率，即重复购买率的简称，是根据消费者对某一产品或服务的重复购买次数计算出来的比率。复购率能够反映出消费者对该产品或服务的忠诚度，简单来说，产品的复购率越高，则说明消费者对该产品或服务的忠诚度就越高，反之则越低。例如日常消耗品容易引起重复购买，容易培养消费者的消费习惯，也利于传播和留住客户。

2. 行业趋势上升的产品

每一款产品都有其所属的行业，行业的生命周期是指行业从出现到完全退出社会经济活动所经历的时间。行业的生命发展周期主要包括四个发展阶段：导入期、成长期、成熟期和衰退期。

处于导入期的新产品，产品设计尚未成熟，行业利润率较低，市场增长率较高，需求增长较快，技术变动较大；行业中的卖家主要致力于开辟新用户、占领市场，但此时技术上有很大的不确定性，在产品、市场、服务等策略上有很大余地；行业进入壁垒较低，只要通过判断确定趋势良好，就是卖家选择该产品的有利时机。

当行业进入成长期，这时买家对产品已经熟悉，市场增长率很高，需求高速增长，技术渐趋定型，行业特点、行业竞争状况及用户特点已比较明朗，是卖家选择该产品的黄金时期。

当行业进入成熟期，此时产品在技术上已经成熟，行业特点、行业竞争状况及用户特点非常清晰和稳定，卖家也可以选择进入；但成熟期市场需求趋向饱和，竞争逐渐加剧，市场增长率不高，消费者对该产品中头部品牌的认知已经建立，因此大部分新产品只能靠价格获得市场机会，促销费用增加，行业盈利能力下降，新产品和产品的新用途开发更为困难，行业进入壁垒较高。

当行业进入衰退期，该行业的生产能力会出现过剩现象，技术被模仿后出现的替代产品充斥市场，顾客的消费习惯发生改变，市场增长率严重下降，需求下降，原来产品的销售额和利润额迅速下降，不建议新卖家此时进入该行业。

3. 简单易操作的产品

卖家挑选简单易操作的产品可以抓住客户的核心需求，比如服饰衣服，只要自己穿上就可以。如果是需要指导安装的产品，就不适合做跨境交易，因为后续的售后服务成本会非常高。比如手机钢化膜，如果买家不会贴的话，就需要配以文字或者视频操作说明，同时需要客服后续不断地跟踪指导。

4. 体积小、重量轻的产品

跨境快递运费高，邮寄时间长。针对这个特点，体积小、重量轻、易搬运、不容易损坏的产品，都是较佳选择。运费少就代表利润多。大件产品的采购成本通常会高于轻小的产品，卖家投入的成本就会比较高。而对于中小卖家来说，低成本试错是一种比较好的方法。比如皮带、太阳镜、围巾类产品都是产品重量较轻、体积较小、运费较少的。

四、选品注意事项

1. 避免选择平台禁止销售的产品

卖家在选品时要了解国内外的法律法规和跨境平台规则，熟悉跨境平台的禁限售规则，并掌握跨境平台禁限售商品目录。不得在跨境平台发布任何违反任何国家、地区及司法管辖区的法律规定或监管要求的商品。除国家法律禁止的物品外，液体、粉末状物品、药品（需要专业快递）、易燃爆炸物品等不能快递。毒品、易制毒化学品及毒品工具、危险化学品、枪支弹药、管制器具、军警用品等产品都是禁止销售的。

2. 避免选择知识产权保护类的产品

跨境电商卖家在选品时要确保产品没有任何法律问题，尤其是知识产权方面的问题。知识产权侵权包括三种类型：商标侵权、专利侵权、著作权（即版权）侵权。卖家应该有意识地在销售前进行产品商标、版权和专利的注册、排查与规避，以避免此类风险发生。

3. 避免选择过大、过重、易损的产品

在选择产品种类时，选择"小、方便、轻"的产品最合适，笨重、大件、易损的产品，应该排除。重量越大，物流成本越高，从而影响产品价格和利润。除了重量，还要考虑商品的体积。如果体积较大，对于卖家来说物流成本和包装成本会比较高。体积太大但是重量轻的产品产生货物抛货重量，在快递时产生额外价格，运费不划算。产品需要容易运输，最好在运输中不会轻易损坏，否则退货也是个棘手的问题，容易发生交易纠纷。当纠纷发生时，一方面需要人力解决，另一方面跨国运费比国内运费高很多，有可能会损失很多运费。

另外还要考虑产品本身的属性，是否易潮、易碎，这些产品的包装成本会更高。而且这些产品容易引起买家发起退货申请，物流成本会比其他产品高。

任务二　全球跨境电商市场选品渠道

案例导入　你了解东南亚地区市场吗？

东南亚主要国家包括越南、老挝、柬埔寨、泰国、缅甸、马来西亚、新加坡、印度尼西亚、文莱、菲律宾、东帝汶11个国家，大部分地区靠近赤道，属热带季风和热带雨林气候。据统计，现东南亚地区人口超过6亿，且近几年经济发展迅速。预计到2025年，东南亚电商市场将达到约880亿美金的规模。东南亚是当今世界经济发展最有活力和潜力的地区之一，也是全球互联网发展最迅速的地区之一。

1. 温度气候

东南亚地处热带，中南半岛大部分地区为热带季风气候，一年中有旱季和雨季之分。马来群岛的大部分地区属热带雨林气候，终年高温多雨。由于降水量的原因，东南亚地区气温不会太高而导致过于炎热，与同一纬度的中东地区和埃及形成鲜明对比。

2. 人口结构

东南亚是世界上人口比较稠密的地区之一，多华人聚居。东南亚各国都是多民族的国家，全区有90多个民族。人种以黄色人种为主。东南亚也是世界上外籍华人和华侨最集中的地区之一。东南亚的人口结构相较其他地区更为年轻化，40岁以下的人口占到了总人口的70%。除此之外，中产阶级的人口也在迅速增长。

3. 宗教信仰

东南亚地区的宗教色彩较浓厚，多种宗教融合交错，情况复杂。

4. 经济发展

东南亚各国拥有丰富的自然资源和人力资源，为经济发展提供了良好的条件，但是经济结构比较单一。东南亚地区线下零售业态目前并不发达，偏远地区的消费者缺乏购物渠道。在岛屿众多的国家这一问题更为突出，这就给跨境电商行业的发展带来了机会。

案|例|思|考

通过市场调研，东南亚地区的市场特点是什么？对跨境电商选品有什么启示？

▼ **任务描述**

全球有200多个国家和地区，不同区域的消费者需求差异很大，卖家需要对全球跨境电商市场进行充分调研，找到细分市场，确定市场定位。选品的方法和技巧多种多样，卖家可以进行多种组合方法尝试，选择适合自己的。运用多种选品策略，利用选品工具进行数据分析，卖家选好了产品类目之后，就需要通过各种方式找到合适的产品供应商。

知识铺垫

选品既要"细致"又要"效率"。细致是指要沉住气、要细心，专业精准；效率是指选品过程中需要寻找大量的信息并记录分析，如果有顺手的工具协助，效率会大大提升。作为新入门的跨境电子商务卖家，一定要养成数据分析的习惯，用科学、严谨的数据分析资料来帮助我们更准确地选择产品。同时，跨境电商的货源供应是个重要问题。首先要保证货源质量；其次必须有稳定的货源供应，保证交货速度；最后要保证货源拥有一个良好的售后制度。卖家应该选择合适的渠道，最终选定货物来源。

学习实践活动

一、分析全球跨境电商市场

（一）跨境电商市场调研

1. 确定市场调研计划

（1）确定市场调研目标　目标要具体化，使调研的问题定量化，以利于对调研结果的审核和评估。在调研目标既定的前提下，确定调研应获取哪些信息才能满足调研需求。例如，调研东南亚市场跨境电子商务发展概况及消费者习惯，包括东南亚市场的跨境电商发展状况、政策环境、商品品类、消费者的消费习惯、主要节假日、风俗习惯和宗教信仰等。

（2）设计市场调研方案　根据调研目标，确定市场调研的内容，列出市场调研所需搜集的资料。企业要根据所需资料的性质选择合适的调研方法，如实地考察法、问卷调查法、访谈法等。

（3）确定市场调研组织计划和进度安排　确定了调研方案后，企业还需要进行以下工作：确定调研的组织领导、调研机构的设置、调查人员的选择和培训、各项调研工作任务的分工、调研任务进度安排等。

（4）统计与分析结果　对获得的信息和数据进行统计与分析，获得目标市场动向指标，并对这些指标进行横向和纵向的比较、分析和预测，揭示目标市场发展的现状和趋势，并提出相应的对策和建议。

（5）市场调研报告撰写　根据比较、分析和预测的结果撰写书面调研报告，阐明针对调研目标所获得的结果，为企业的后续经营提供建设性意见和思路、可供选择的行动方案。

2. 确定市场调研内容

（1）市场环境调研　为了确认和评价市场环境宏观因素对企业战略目标和战略选择的影响，需要对政治环境、经济环境、社会文化环境、技术环境、法律环境进行分析。

（2）市场商品情况调研　企业要把产品打入目标市场或从目标市场进口，除了了解目标市场环境外，还要了解目标市场上该商品的市场供给情况、市场需求情况和市场商品价格。

（3）市场潜在客户情况调研　潜在客户情况的调研用于目标市场目标客户的定位，需要做好潜在客户政治情况、资信情况、经营业务范围、客户类型和客户经营能力的调研。

（二）全球跨境电商市场细分

市场细分，是指企业按照某种标准将整个市场上的顾客划分成若干个顾客群，每一个顾客群构成一个子市场，不同子市场之间，需求存在着明显的差别，其中任何一个子市场中的顾客都具有相同或相似的需求特征，企业可以在这些子市场中选择一个或多个作为其目标市场。

由于受消费者所在地理位置、年龄、性别、宗教信仰、收入水平、生活方式和购买行为等多种因素的影响，不同的消费者具有不同的需求特征。在市场上，消费者总是希望根据自己独特需求去购买产品，这些不同的需求特征是我们细分全球跨境市场的依据。企业对全球市场进行细分后，通过对细分市场的市场潜力、文化标准、竞争状况等多种因素进行评估分析，选择最有利可图的细分市场，最终决定进入该市场，即目标市场。市场细分是企业选择目标市场的基础工作。

1. 全球宏观市场细分

全球宏观市场细分是全球市场细分过程中的第一步，即根据某种标准把全球市场划分为若干子市场，每一个子市场具有基本相同的营销环境，企业可以选择某一组或某几个国家作为目标市场。宏观市场细分是微观市场细分的基础，因为企业要首先确定进入哪个或哪些国家，然后才能进一步在某国进行一国之内的细分。宏观市场细分的标准有地理标准、经济标准、文化标准等。

2. 全球微观市场细分

当企业决定进入某国市场后，由于该国的消费者需求是千差万别，企业不可能满足该国所有消费者的需求，而只能将其细分为若干个子市场，选择其中一个或几个子市场作为目标市场，满足一个或几个子市场的需求。例如消费品市场有地理环境、人口状况、消费者心理、购买情况四大标准；工业品市场有地理环境、用户状况、需求特点和购买行为四大标准。

3. 全球市场细分程序

（1）选定产品市场范围　企业根据自身的经营条件和经营能力确定进入产品市场的范围，如选择什么国家或地区，进入什么行业，生产什么产品，提供什么服务，并以此作为制定市场开拓战略的依据。比如，选择东南亚地区的美妆护肤市场作为目标市场。

（2）分析潜在客户的需求　根据细分标准，比较全面地列出潜在顾客的基本需求，作为以后深入研究的基本资料和依据。可从地理位置、人口、心理、风俗习惯及宗教信仰等多个方面列出影响产品市场需求和顾客购买行为的各项因素。公司应对不同的潜在顾客进行抽样调查，并对所列出的需求影响因素进行评价，了解潜在顾客的共同需求。例如，由于宗教信仰的原因，东南亚地区很多消费者都是穆斯林，所以清真护肤品和化妆品格外受到青睐。

（3）筛选细分市场，选择利基市场　企业列出潜在客户的各种需求，通过市场调查进一步搜集有关市场信息与顾客背景资料，根据有效市场细分的条件，初步划分出一些差异较大的细分市场，对所有细分市场进行分析研究，至少从中选出三个分市场。这些分市场因为受众群不多，所以传统市场未能满足他们的需求，同时由于分市场应运而生的小众产品有不错的利润点，所以叫利基市场。利基市场是在较大的细分市场中具有相似兴趣或需求的一小群顾客所占有的市场空间。例如，东南亚美妆护肤市场可以细分为女性护肤品、男性护肤品、儿童护肤品、清真护肤品、天然护肤品等市场，我们通过分析研究，从中选择天然护肤品、男性护肤品和清真护肤品三个分市场。

（4）复核细分市场　进一步对细分后选择的市场进行调查研究，充分认识比较各细分市场的特点，符合本企业所开发的细分市场的规模、消费者的潜在需求，还需要对哪些产品特点做进一步分析研究等。例如，根据消费人群的不同，清真护肤品又分为清真女性护肤品、清真男性护肤品、清真儿童护肤品等。

（5）决定细分市场规模，选定目标市场　企业在各子市场中选择与本企业经营优势和特色相一致的子市场，最终确定可进入的目标细分市场。例如，企业根据自身的实际经营情况，最终确定东南亚地区的清真男性护肤品市场。

（三）全球跨境电商市场定位

市场定位是指根据竞争者现有产品在市场上所处的位置，针对消费者或用户对该种产品的某种特征、属性和核心利益的重视程度，强有力地塑造出此企业产品与众不同的、鲜明的个性或形象，并把这种形象迅速、准确而又生动地传递给顾客，影响顾客对该产品的总体感觉，从而使该产品在目标市场上确定自己恰当的位置。市场定位本质上是一个寻求差异化的过程。通过市场定位，消费者能更清楚地知道本企业的产品和其他竞争产品有何不同。

二、全球跨境电商市场选品策略

（一）跟卖选品策略

跟卖选品策略就是利用平台资源帮助选品，主要是选择其他大卖家近期销售量最高的产品来销售。由于大卖家的经验十分丰富，他们主打的产品基本都是经过市场认证的，然后自己从供应市场寻找并订购同样的产品来进行销售。跟卖选品策略的核心要求是能够快速迎合市场需求，优点是这样做比较简单，非常适合新手卖家，缺点是缺乏主动，占据的市场份额也许不会太大。

（二）数据分析选品策略

数据分析选品策略是通过谷歌趋势等数据分析工具进行产品数据挖掘，对产品的销售品类、销售价格以及整个行业的变动趋势进行分析，这对选品的工作有很大的帮助。

例如，Google Trends 工具可以分析品类的周期性特征，把握产品开发先机；Keyword Spy工具可以发现搜索的热度和产品品类的关键词；通过 Google Analytics 工具可以知道已经上架产品的销售情况，进而分析某种产品的市场热度以及销量，从中获取更多的产品和市场信息。通过灵活综合运用各种分析工具，可以全面掌握品类选型的数据依据。

（三）深度挖掘客户需求选品策略

深度挖掘客户需求选品策略包括差评数据分析和好评数据分析。其中，差评数据分析法以抓取产品数据为主，通过收集平台上热卖产品的差评数据，从中找出顾客不满意的地方，然后对产品进行改良，或者是开发能够解决客户痛点的产品。同时也要兼顾分析产品好评数据，从中寻找客户对产品真正的需求点和期望值。总之，从产品好评中深入挖掘客户需求，从产品差评中寻找产品的不足之处并对产品进行完善，自然能够提高产品的曝光量，进而提升产品的销量。

> **小资料** **FIGS 美国电商服装公司——医护服市场的翘楚**
>
> 　　一个增速达 9938% 的美国电商服装公司，创业仅仅 5 年，2018 年的营收已经超过了 1 亿美金。这家由两位女性创业者于 2013 年在美国洛杉矶成立的公司，全称为 FIGS（wearfigs.com）。FIGS 没有走服装行业的寻常路，比如快时尚、户外、运动等，而是专注在一个非常细分的服装领域：医疗机构里医生和护士穿的医护服（手术服），其对应的英文单词为 medical scrubs。FIGS 并没有将眼光仅仅停留在 10 美元 / 件的传统医护服上，它自己创造了一个售价超过 38 美元 / 件的高端医护服领域。
>
> 　　美国医疗保健领域有 2000 万从业者，是美国就业人数最大的行业之一。医护服则是这 2000 万从业人员每天的必需品。更为重要的是，这个庞大人群的平均收入远高于美国家庭的平均收入，群体的消费力非常强。
>
> 　　数据显示，美国医护服装市场的规模达 100 亿美金，全球医护服装市场规模则超过 600 亿美金。美国医护服市场在历史上曾经有过一个拐点。在 20 世纪 90 年代以前，医护服都是由医院统一购买然后免费发放给医护人员。之后由于预算收紧，医疗机构不再免费发放，而是由医护人员自行采购。FIGS 正是在这个大转变的背景下，洞察到了新生代医疗保健从业人员对于传统医护服的不满之处：肥大而缺乏时尚感；布料粗糙易皱而且穿着不舒服；口袋太浅；尺寸只有一个通码；卖医护服的传统商店杂乱无趣，难以产生愉快的购物体验。
>
> 　　FIGS 设计的医护服极具时尚感，在服装调性上，FIGS 走的是跟美国的瑜伽服转休闲服饰的著名品牌 Lululemon 类似的路线：Lifestyle。除了衣服的功能性之外（符合医疗机构的要求，可以穿着上班），它更多地强调材质舒适、美观修身，甚至还可以穿到其他场合而毫无违和感。FIGS 在广大医护人员中进行了时尚医护服的普及，而且它所占的市场份额还不及 1%。对于成本和供应链管理更为高效的中国跨境电商来说，FIGS 是个很好的启迪。

（四）产品需求选品策略

卖家可以对目标市场的节假日、季节变化，目标市场人群的业余爱好、饮食习惯、消费习惯以及宗教信仰等各个方面进行分析，更加主动地开发产品。

1. 节假日分析

在节假日来临之前，目标国消费者都会大量采购节假日用品。例如，泼水节是泰语民族和东南亚地区最重要的传统节日之一。泰国把泼水节定于每年公历 4 月 13 日至 4 月 15 日，历时三天，是泰国一年中最热的时候。泼水节期间，泼水工具、雨具、节日服饰为热卖品类。水枪是节日中最常使用的玩具，拖鞋、凉鞋也会十分畅销。卖家只有充分了解东南亚节假日时期的消费热点，才能挖掘符合节假日氛围的产品。

2. 季节分析

卖家要根据目标国家和地区的季节变化开发应季产品。例如东南亚地区夏季来临时，卖家可以开始准备上新以家具用品类目为主的夏季产品，包括夏季凉被、凉席、纱窗、纱窗修补贴、防蚊门帘、魔鬼贴、防蚊纱窗等。

3. 生活习惯分析

卖家可以根据目标市场消费人群的生活习惯来开发产品。例如为顺应各种户外运动（如野营、爬山、骑车），卖家可以开发户外帐篷、户外照明灯、各种运动器械等户外用品。同时，和户外运动相关的运动时装、鞋类市场也会备受关注，针对这类人群，卖家可以开发骑行服、登山鞋等运动服饰或鞋类产品。

（五）产品组合选品策略

产品组合分析法是指利用产品组合的思维来选品。在建立产品线的时候，核心产品占20%，用以获取高额利润；爆款产品占10%，用以获取流量；基础产品占70%，用以配合销售。产品布局应该形成价格和品质阶梯，同时产品应该兼顾到不同的目标客户，不能将所有的产品都选在同一个价格段和保持同一品质等级。设置不同价格区间和不同的品质等级的产品能吸引不同的目标客户，进而产生更多的订单。

对于核心产品来说，应该选择小众化、利润高的产品；爆款产品的选择可以参考跨境电商平台的销售排行榜，参考其中的热门商品来设置；基础产品应该选择性价比较高的产品。无论是核心产品、爆款产品还是基础产品，选品的时候卖家都应对产品的毛利进行评估。

（六）微创新选品策略

微创新的理念是不改变产品的功能和定位，把产品属性重新组合，区别于市场上的同类产品，深入挖掘产品的亮点。微创新需要三个步骤，首先是寻找市场需求，卖家可以通过谷歌趋势等数据分析工具找到蓝海市场，进行市场细分，选定目标市场；接着挖掘竞品痛点，收集分析差评数据和好评数据，深度挖掘客户需求；最后找到亮点，进行产品属性重组，修改现有爆款产品，创造全新爆款产品。同时在微创新过程中，一定要注意尊重知识产权，进行微创新后，切记申请专利。微创新的具体方法主要有：

（1）产品属性减少法　产品属性减少法就是减少原有产品的外观或功能，重新设计产品，增加产品的变化性。

（2）产品属性增加法　产品属性增加法就是给产品、服务中的某个部分分配一个附加的任务或功能，让它在发挥原作用的前提下产生新的功能。

（3）爆款产品组合法　爆款产品组合法就是将原有爆款产品的属性分解成多个部分，然后将分解后的部分重新组合，从而增加产品的多样性。

（4）产品用途转移法　我们容易把某种产品或服务看成一个整体，认为它们就应该以我们熟悉的样子存在。产品用途转移法就是要打破这种固定思维，从现有的产品中发现产品的新用途，改变产品的使用市场，开拓一个新的市场。

三、全球跨境电商市场选品工具

1. 谷歌趋势

谷歌趋势是谷歌旗下基于搜索数据推出的一款分析工具。它通过分析谷歌搜索引擎每天数十亿的搜索数据，告诉用户某一关键词或者话题各个时期在谷歌搜索引擎中展示的频率及其相关统计数据。我们可以通过这些搜索数据了解行业趋势、受众信息、产品的生命周期、竞争对手以及未来的营销方向等相关信息。

　　打开谷歌趋势（网址：https://trends.google.com），输入搜索字词或主题，我们就可以看到品类的搜索热度随着时间推移的变化，了解产品周期性特点，把握产品开发先机。通过关键词研究功能，卖家可以了解关键词在全球不同国家、不同城市、不同时间的表现状况；了解关键词、产品的主要市场；了解与关键词相关的主题，进一步了解受众特征；对比不同关键词在相同国家、相同时间的表现状况和利用特定搜索获得更多信息。谷歌趋势界面如图 2-1 所示。

图 2-1　谷歌趋势界面

　　我们还可以通过谷歌趋势了解季节性和节日性的行业趋势，比如以关键词"水枪"为例，选择国家为泰国，设置搜索时间范围为"2021 年"，搜索结果如图 2-2 所示。我们可以看到这个词呈现规律性的波动。每年的 3 月份左右，搜索热度达到全年的最高值，因为这个时候正好是泼水节前夕。

　　因此，对季节性、节日性和规律性产品，卖家都可以通过谷歌趋势查看搜索热度高峰和低谷，有针对性地布局、做推广、做供应链、做定位。

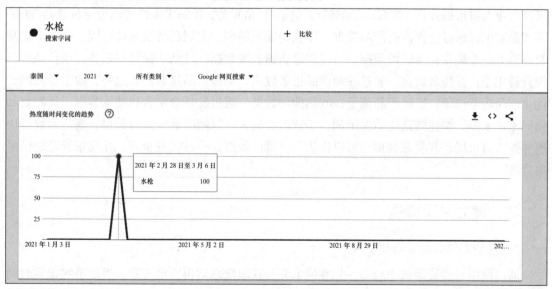

图 2-2　水枪 2021 年在泰国的搜索热度

2. 电霸

电霸是一款专为 Shopee 平台卖家打造的数据分析软件，可以精准获取 Shopee 平台各大站点的综合数据，分析行业的营销手法，实时监控竞品数据，掌握市场流行风向，帮助卖家快速寻找潜力商品，打造爆款产品。电霸界面如图 2-3 所示。

图 2-3　电霸界面

在开店初期，卖家可以通过行业分析掌握类目行情走势及市场需求，辅助选品，精准定位，抢占商机。在店铺运营期，通过全站大数据监控，进行科学的数据清洗和处理，寻找 Shopee 平台流量新增点，为店铺提供运营策略。通过多维度监控竞品，深度分析商品销量、价格、排名变动及 SKU 销量走势，全方位监控竞品运营手段，帮助卖家打造爆款。

电霸数据分析软件的全数据分析包括以下八个板块：①全站大盘数据，通过深度分析全平台的销售数据，快速了解大盘走势，洞察生意动向，探查宏观市场；②行业类目数据，通过全行业类目市场分析，掌握市场的流行风向、行情走势，帮助卖家快速精准定位选品方向；③产品数据，通过全面剖析产品数据，爆款的成长周期、发展趋势及爆款原因，帮助卖家复制创造下一个爆款；④店铺数据，通过跟踪店铺表现数据，评估店铺销量趋势、成长动态，提升转化率；⑤排名数据，通过探测产品排名数据，掌握产品排名动态趋势，搜索引流词，优化产品运营决策，扩展产品流量；⑥热搜词数据，通过统计全平台热搜词数据，探测商品热词流量来源，快速甄选优质关键词；⑦蓝海数据，可以随时洞察蓝海数据，通过大数据快速寻找蓝海市场；⑧货源数据，可以提供一手货源数据，一件代发全球，让卖家轻轻松松采集货源。

四、建立货源渠道

1. 在货源供应网站寻找货源

通过网络寻找货源效率较高，先在网上充分获取信息后再实地考察，可以节约很多时间和精力。货源供应网站的优点是平台上拥有海量的产品和大量的可选择的供应商，可以很方便地寻找特色产品和蓝海产品；缺点是缺乏方向，广泛海选工作量大、成效低。例如：阿里巴巴 1688 批发网、中国制造网等都是常用的货源供应平台。

2. 在代销网站上寻找货源

代销网站的优点是供应商提供一键上传数据包、海量上传产品，产品编辑不需要自己做，新款、爆款应有尽有，还可以代发货；缺点是价格偏高，产品同质化现象严重，货物描述千篇一律，也容易出现断货的情况。

小资料 跨境电商代销平台：一件代发全球

托尼斯是一家专门做代销的网站，在中国拥有超过 500 万 SKU 商品，严控产品质量，价格低廉，种类丰富，是为跨境电商卖家提供海量优质货源的代销平台。托尼斯有完善的商城系统，包括 PC 端和手机端，产品自动同步更新，订单自动处理，支持免费定制。对接中国邮政，配送全球 200 多个国家，支持亚马逊、全球速卖通、eBay、Shopee、Lazada、蘑菇街等多平台对接，支持一键刊登、一件代发全球，承诺 48 小时发货是它吸引卖家入驻的一大优势。该平台对接 PayPal 支付，同时可免费对接当地支付渠道，实现全球收款。

---

3. 与实体店合作，经销品牌产品

与实体店合作的优点是对于要打造品牌和提升利润的跨境电商企业来说，可以建立自己的产品供应链和品牌，如果能拿到好的品牌授权，销售额比较有保障；缺点是资金需求大，选择较少，产品单一，不适合起步阶段的跨境电商企业和小团队。

4. 依托特色产业带获取货源

产业带是产业集中区域，是相关或相同产业的基地，在此区域内可以形成产业集聚效应，更好地壮大产业。在产业带里资源会更有效地利用和配置，产业带具有行业高地的优势，其凝聚行业高质量产品，并通过行业内部积极竞争和交流，实现加快产品转换升级的效果。跨境电商特色产业带具有品牌集聚、产能巨大、产业链完备等优势，依托一个优势产业做跨境电商，不仅货源供应稳定可控，还能兼顾效率和成本，再加上政府的扶持，是卖家的明智之选。

小资料 你知道这些跨境电商货源产业带吗？

1. 箱包产业带

"中国皮具之都"广州狮岭，"中国箱包之都"河北白沟，"中国旅行箱之都"浙江平湖。

2. 灯具产业带

广东省中山市的古镇被誉为"中国灯饰之都"，宁波余姚市梁弄镇被誉为"中国灯具之乡"。

---

3. 毛巾产业带

河北高阳县毛巾产量占全国总产量近三分之一，是河北县域特色产业集群。

4. 宠物食品产业带

"中国宠物食品之乡"河北省南和县，宠物食品产销量占全国一半以上。

5. 泳装产业带

辽宁省葫芦岛兴城、福建晋江和浙江义乌，被称为三大"泳装之乡"，是我国三大泳装生产基地。

6. 油画产业带

深圳龙岗的大芬村，是全球最重要的商品油画基地，被誉为"中国油画第一村"。

7. 童装产业带

三大童装产业基地分别为浙江湖州织里镇，广东广州、佛山、东莞区域和山东青岛即墨。

8. 眼镜产业带

江苏丹阳被誉为"中国眼镜之都"，为世界第一大镜片生产基地，全球近一半的镜片产于此地。

9. 家纺家饰产业带

江苏南通的家纺、浙江绍兴的窗帘、浙江义乌的家饰、天津的地毯。

10. 假发产业带

河南许昌是全球最大的发制品集散地，假发产销量占全球市场的60%。

11. 运动鞋产业带

福建省晋江市陈埭镇是全国最大的运动鞋产品生产、加工、贸易基地年产运动鞋近10亿双，被誉为"中国鞋都"。

12. 化妆刷产业带

"中国化妆刷之城"是河南省鹿邑县。

13. 小商品产业带

浙江义乌是全球最大的小商品生产、批发基地，被誉为"世界小商品之都"。

总之，不管货源从哪儿找，优质的货源和供应商一定要具备以下条件：

1）产品质量要过硬，产品有较好的价格优势，这是打造爆款的前提。

2）产品重量要轻，能够节省订货费用和国际物流费用；如果是代发货的，物流要方便，供货有保证。

3）产品信息完善详尽，方便刊登，避免出现后期客户纠纷；有较好的售后服务，能更好地提升客户体验，吸引回头客。

任务三　跨境电商市场主流平台选品

Anycubic 品牌店铺的主营产品是 3D 打印机，从 2017 年起重点运营全球速卖通平台。但是，当年店铺双十一的 GMV 总额增幅远远低于其他卖家。店铺运营一丁点头绪也没有，急得团团转却无从下手。如何拓展目标市场，顺应平台趋势和发展方向，做一个真正的出海品牌，成为 Anycubic 的困惑点。

当 Anycubic 接触到数据运营后，发现将"生意参谋"里获得的数据应用到旗下的一些产品，能得到意想不到的惊喜。全球速卖通提供的数据指标，能够协助卖家迅速了解行业现状和发展动态，便于判断后续店铺的经营方向。对 Anycubic 而言，生意参谋最好用的功能是国家市场和商品分析。商品分析能提供 Anycubic 店铺所有商品每天的数据变化情况，方便卖家了解各个产品的状态，便于及时优化。另外，3D 打印机是新兴类目，没有太多其他卖家和经验可以参考，Anycubic 通过参考商品分析中的数据，分析 3D 打印机市场需求情况，比如哪种类型的打印机最受欢迎、什么样的定价比较合理等，这些数据给 Anycubic 的产品研发、生产和销售提供了很大的帮助。

Anycubic 品牌店铺从刚开始不太熟悉全球速卖通平台，也不知道该如何运营，到长期持续使用平台数据分析，使 2018 年店铺 GMV 相较 2017 年增长了 430%。

案例思考

Anycubic 品牌店铺通过何种方式解决了运营中的困惑，使得店铺 GMV 总额增长了 430%？

任务描述

全球速卖通、Shopee 都是目前主流的跨境电商平台，无论做哪个平台，都是"三分靠运营，七分靠选品"，所以主流平台店铺选品这一步是非常关键的，选品的好坏在很大程度上决定了平台店铺运营的成功与否。以某一热销产品为例，店铺选品的流程为登录跨境电商主流平台，查看平台规则及政策，熟悉禁限售商品目录，深入了解产品标题描述和详细描述等信息，最后根据调研情况完成产品信息表。

知识铺垫

选品是跨境电商市场主流平台经营成功与否的关键环节，是运营一个店铺的核心工作。进行市场选品，应该首先清楚适合和不适合在跨境电商主流平台销售的产品，然后熟悉跨境电商主流平台的产品类目，了解平台热销产品推荐，通过平台站内和站外数据分析工具等进行数据分析，并选择不同的产品类目，根据自己的情况进行具体选品。

学习实践活动

一、全球速卖通平台选品策略

（一）打开全球速卖通平台的卖家中心，查看全球速卖通平台规则

进入全球速卖通平台的卖家中心（网址：https://sell.aliexpress.com），进入经营支持界面，选择"规则频道"，进入全球速卖通平台规则界面（见图2-4），查看全球速卖通平台规则，掌握全球速卖通平台的禁限售规则、知识产权要求和行业标准等板块内容。

图2-4　全球速卖通平台规则界面

（二）进入全球速卖通平台买家首页

进入全球速卖通平台买家首页（网址：https://www.aliexpress.com），了解哪一个类型的商品销量较高。全球速卖通平台全部产品类目如图2-5所示。全球速卖通平台共有30个一级类目，每个一级类目下又有二级类目和三级类目。

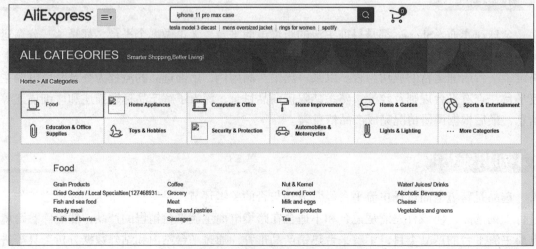

图2-5　全球速卖通平台全部产品类目

（三）从首页了解热卖类目和产品

在全球速卖通平台买家主页，有活动位和推荐位。从买家首页可以看到 SuperDeals 活动，如图 2-6 所示是全球速卖通推出的推广品牌，它占据着全球速卖通平台的首页推广位，免费推广"高质量标准，超低出售价"产品。

图 2-6 全球速卖通平台 SuperDeals 活动

（四）站内选品来源

站内选品指的是卖家结合平台站内数据分析以及自身的情况，选择要经营的行业及具体类目下的产品。"生意参谋"是全球速卖通基于平台海量数据打造出的一款数据产品，卖家可以通过"生意参谋"提供的数据，明确自己店铺的营销方向，做出正确决策。

1. 行业市场数据

卖家可以根据行业市场大盘提供的数据分析，了解全球速卖通平台上目前各行业发展的现状，进而判断经营方向。卖家可以使用"生意参谋"→"市场大盘"对某行业的现状进行分析。市场大盘数据分为行业趋势、行业构成和国家构成 3 个小类。

（1）行业趋势 进入"生意参谋"页面，在左侧选择"市场大盘"，卖家可以选择自己感兴趣的行业，查看该行业最近 7 天、30 天、某日、某周或某月的访客指数、浏览商品数等数据，了解行业市场变化情况。例如，行业选择"家居用品"，国家选择"全部国家"，平台选择"所有平台"，选择查看最近 30 天的数据，如图 2-7 所示。

图 2-7 家居用品行业趋势数据分析

家居用品行业访客指数对比趋势数据如图 2-8 所示,显示了本周期访客指数和上周期访客指数的趋势线比较。

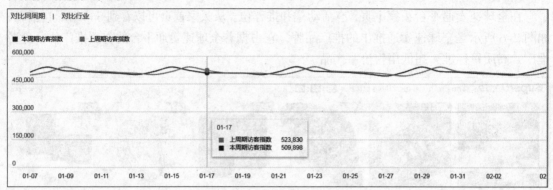

图 2-8　家居用品行业访客指数对比趋势数据

同时还可以选择对比行业。选择对比行业"照明灯饰",可以看出家居用品的访客指数要高于照明灯饰的访客指数(见图 2-9)。

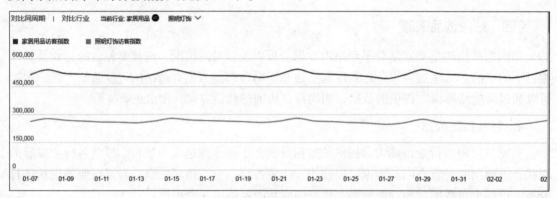

图 2-9　对比行业访客指数趋势

(2)行业构成　选择家居用品行业,选择"行业构成",可以分别从搜索指数、交易指数、在线商家占比、供需指数、父类目金额占比和客单价六个指标查看行业类目数据,如图 2-10 所示。

选择"趋势"选项,可以查看家居用品行业在选定时间段内各数据指标的变化趋势,从而可以进行更进一步的数据分析,如图 2-11 所示。

		行业构成					
流量看板		排名	行业	搜索指数 ⬍	交易指数 ⬍	在线商家占比 ⬍	供需指数 ⬍	父类目金额占比 ⬍	客单价 ⬍
店铺来源								
商品来源								
品类	⌃	1	Home Decor 较前30日	1,503,596 +0.24%	10,739,894 -0.07%	49.69% -0.42%	550 -0.30%	13.24% -1.71%	16.52 +1.98%
商品排行		2	Kitchen,Dining & Bar 较前30日	1,365,755 +3.37%	12,048,041 +0.39%	49.21% -0.57%	503 +3.31%	16.38% -0.85%	11.52 -0.09%
单品分析								
商品洞察		3	Arts,Crafts & Sewing 较前30日	1,340,933 -0.53%	12,978,242 +0.52%	39.22% -0.58%	566 -1.09%	18.80% -0.58%	16.71 +2.64%
营销	⌃	4	Festive & Party Supplies 较前30日	1,236,700 +0.14%	11,182,795 +4.13%	38.53% -1.58%	517 +0.39%	14.27% +6.10%	20.74 +5.28%
活动大屏								
营销助手		5	Household Merchandises 较前30日	1,180,250 +1.37%	8,058,816 -0.94%	44.03% -0.83%	452 +1.20%	7.79% -3.23%	9.14 0.00%
物流	⌃							
物流分析			Home Storage & Organization	1,118,234	8,062,719	40.65%	447	7.80%	10.50

图 2-10　家居用品行业构成数据分析

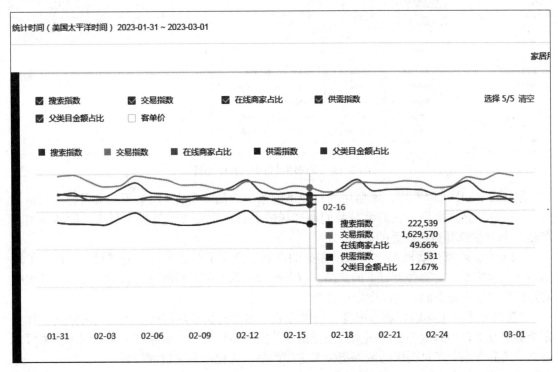

图 2-11　家居用品行业数据指标变化趋势图

（3）国家构成　根据选定行业的访客指数、浏览商品数、商品浏览率、供需指数、客单价、商品加购人数和加收藏人数等数据情况，卖家可以分析所选行业的国家市场形势，了解各国消费者的消费偏好，针对目标国家地区消费潜力，投放合适的商品。家居用品行业国家构成如图 2-12 所示。

流量看板	国家构成							
店铺来源	排名	国家&地区	访客指数 ⬍	浏览商品数 ⬍	商品浏览率 ⬍	供需指数 ⬍	客单价 ⬍	商品加购人数 ⬍	加收藏人数 ⬍
商品来源								
品类 ⌃	1	俄罗斯	1,109,017	26,425,439	18.25%	174	11.59	3,328,753	67,441
商品排行		较前30日	-5.33%	-5.94%	0.00%	-6.60%	+2.75%	+45.13%	-94.77%
单品分析	2	巴西	859,666	12,183,371	19.23%	118	21.65	1,165,207	758,700
商品洞察		较前30日	+2.87%	+3.12%	+4.06%	+1.15%	+0.19%	+7.92%	+6.83%
营销 ⌃	3	西班牙	840,215	18,686,291	23.31%	123	13.54	2,511,760	794,879
活动大屏		较前30日	-0.76%	+1.33%	+3.51%	-1.77%	+2.42%	+0.85%	+0.56%
营销助手	4	美国	746,964	17,596,154	21.65%	106	33.25	2,021,483	893,077
物流		较前30日	-1.40%	-5.15%	-4.50%	-1.82%	+6.47%	+0.67%	-3.89%
	5	法国	743,976	17,425,271	20.22%	115	21.15	2,226,480	660,746
		较前30日	+0.82%	+0.49%	+0.60%	+1.61%	+2.12%	+1.75%	+0.20%

图 2-12　家居用品行业国家构成

2. 类目选品

卖家选定要经营的行业后，接下来要确定卖这个行业下的哪些类目的产品，即类目选品。

（1）了解行业下的类目　在类目选品之前，首先要了解目标行业目前在平台有哪些类目的产品。以家居用品为例，该行业的具体类目如图 2-13 所示。

图 2-13　家居用品行业的具体类目

从图 2-13 中可以看出，家居用品行业下的家纺成品→窗帘／门帘下的类目分为窗帘、门帘／珠帘、遮阳帘等，它们就是我们要选择的类目。卖家要了解整个行业下的具体类目产品，再从中选择自己熟悉的产品。

（2）了解卖家热卖产品与买家最需要的产品　卖家了解某个行业的类目后，还要了解平台上的卖家都在卖哪些类目下的产品，以及平台上的买家需要哪些类目的产品。在这里就需要用到生意参谋中的"选品专家"工具。

"选品专家"工具以行业为维度，提供行业下热卖商品和热门搜索关键词的数据，让卖家能够查看平台中海量丰富的热卖商品资信，并能够多角度分析买家搜索关键词。卖家可以根据"选品专家"工具提供的数据指标来选择产品，优化产品关键词设置。

进入"生意参谋"→"选品专家"页面，"选品专家"工具提供了热销和热搜两个维度。其中，热销是从卖家的角度提供数据统计，热搜是从买家的角度提供数据统计。

1）热销。在热销维度下，行业选择"家居用品→家纺成品"，范围选择"全部"，时间选择"最近 30 天"，得到的结果如图 2-14 所示。圆圈的大小表示销售热度，圆圈越大，表示产品销售量越高。圆圈颜色的深浅表示竞争程度，颜色越深，竞争越激烈。

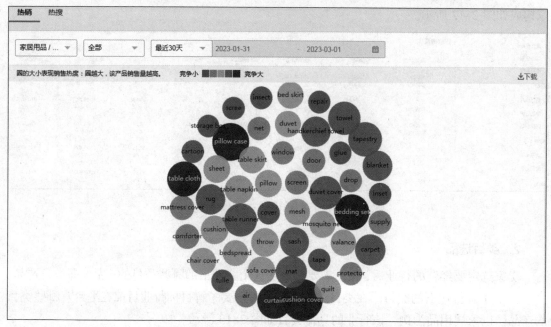

图 2-14　家居用品——家纺成品热销维度

单击页面右上方的"下载",下载最近30天原始数据,打开后即可看到数据表格。其中,交易指数是指所选行业所选时间范围内,累计成交订单数经过数据处理后得到的对应指数。交易指数不等于交易量,但指数越大、交易量越大。按浏览转付比率排名是指所选行业所选时间范围内按浏览转付比率排名。竞争指数是指所选行业所选时间范围内产品词对应的竞争指数。指数越大,竞争越激烈。通过数据分析处理,我们可以了解平台中的热销产品。

2)热搜。在热搜维度下,行业选择"家居用品→家纺成品",范围选择"全部",时间选择"最近30天",得到的结果如图2-15所示。圆圈的大小表示销售热度,圆圈越大,表示产品销售量越高。

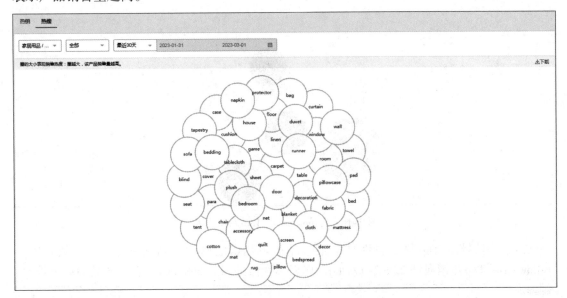

图2-15 家居用品——家纺成品热搜维度

单击页面右上方的"下载",下载最近30天原始数据,打开后即可看到表格。其中,搜索指数是指在所选行业及所选时间范围内,搜索该关键词的次数经过数据处理后得到的对应指数。搜索指数不等同于搜索次数,搜索指数越大,该商品关键词搜索量越大。搜索人气是指在所选行业及所选时间范围内,搜索该关键词的人数经过数据处理后得到的对应指数。搜索人气不等同于搜索人数,搜索人气越大,该商品关键词的搜索人数越多。浏览—支付转化率排名是指在所选行业及所选时间范围内,该关键词的浏览—支付转化率排名。竞争指数是指在所选行业及所选时间范围内,关键词对应的竞争指数。竞争指数越大竞争越激烈。通过数据分析处理,我们可以了解平台买家的热搜产品。

同时从卖家和买家两个角度进行分析,如果一个行业下某个类目在卖家维度中是热销产品,同时在买家维度中是热搜产品,说明该类目产品销售情况比较乐观。

(3)属性选品 卖家进行了行业选品和类目选品后,还可以利用生意参谋中的"选品专家"工具,按照"热销"和"热搜"两个维度在产品中选品。

进入"生意参谋"→"选品专家"页面,选择"热销"维度,行业选择"家居用品"→"家纺成品",范围选择"全部",时间选择"最近30天",然后单击"pillow case",可以分别查看该产品的关联产品、热销属性和热销属性组合数据等信息。

1）关联产品。Top 关联产品是指买家在浏览此类商品时会同时浏览、点击、购买的其他类商品。其中，圆圈面积越大，表示该产品的销售量越大。产品与产品之间的连线越粗，表示买家同时关注度越高，买家同时浏览、点击、购买的人越多。圆圈的颜色表示产品的竞争情况，颜色越红，表示竞争越激烈；颜色越蓝，表示竞争越小。"pillow case" Top 关联产品如图 2-16 所示。

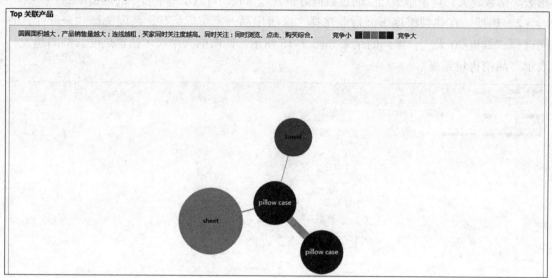

图 2-16 "pillow case" Top 关联产品

2）热销属性。Top 热销属性是指某个品类下热销的属性，如颜色、品牌、款式等。"pillow case" Top 热销属性如图 2-17 所示。代表属性值的圆圈面积越大，表示产品销售量越大。

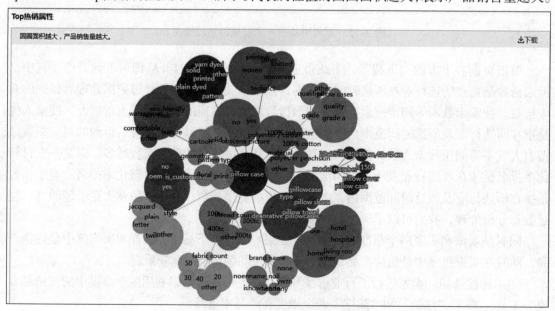

图 2-17 "pillow case" Top 热销属性

3）热销属性组合。热销属性组合指的是某个品类下热销属性组合，相同颜色代表同一类属性组合，颜色占比越大，表示销量越多。"pillow case" 热销属性组合如图 2-18 所示，卖家可以根据属性组合结合自身供应情况进行选品。

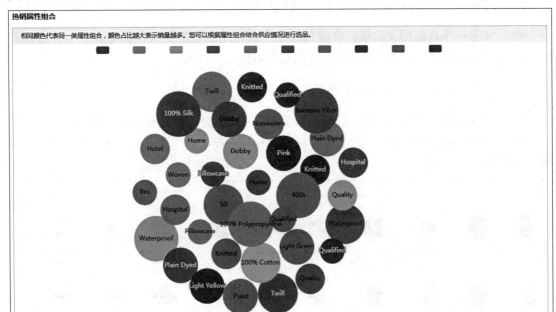

图 2-18　"pillow case"热销属性组合

　　卖家进入"生意参谋"→"选品专家"页面，选择"热搜"维度，行业选择"家居用品"→"家纺成品"，范围选择"全部"，时间选择"最近 30 天"，然后单击"pillow case"，进入"pillow case"一词的页面，同样可以分别查看该产品的关联产品和热搜属性数据信息。结合对比"pillow case"热销属性和热搜属性，卖家可以总结出具有哪些属性的产品销售情况比较乐观，从而进行产品选品。

　　（五）站外选品来源

　　（1）其他平台数据选品　除了参考全球速卖通平台站内的一些信息进行选品外，卖家还可以利用站外资源作为选品参考，但是一定要注意，选品时一定要参考和全球速卖通平台同一地区的平台，即和全球速卖通平台处于同一地区的本土购物网站，查看热销的产品有什么，并进行相关产品的分析来辅助选品。

　　（2）社交媒体　除了参考竞争平台外，卖家还要多研究谷歌趋势、国外知名社交媒体如 Facebook、YouTube、Instagram 等平台的数据，通过 Instagram、Facebook 等社交平台，看看最近的流行趋势，出现的现象级热点产品、网红产品、话题产品，电影、服装、特色风格等都可以作为选品的依据。建议卖家最好提前 2 个月左右开始进行社交媒体选品，社交媒体的传播是惊人的，通过选品抢占先机，可以在全球速卖通平台占有更大的市场。

二、Shopee 平台选品策略

（一）打开 Shopee 平台卖家学习中心

　　进入 Shopee 平台卖家学习中心（网址：https://seller.shopee.cn），选择"平台规则及政策"，进入 Shopee 平台政策界面。

（二）查看 Shopee 平台禁限售商品目录

查看 Shopee 平台规则及政策，掌握 Shopee 平台全站点违禁品 A 类标准和 B 类标准，了解 Shopee 平台各个站点的禁限售规则，并熟悉禁限售商品目录。

（三）进入 Shopee 平台买家页面

了解 Shopee 各种站点的布局，分析确定哪一个类型的商品销售前景较为广阔。以 Shopee 平台马来西亚站点为例，点击网址 https://shopee.com.my/，其买家页面首页产品类目如图 2-19 所示。

图 2-19　Shopee 平台马来西亚站点首页产品类目

Shopee 平台共有 24 个一级类目，每个一级类目下又有二级类目和三级类目。下面以 Men Shoes 为例，介绍此类目的情况，如图 2-20 所示。选择并单击"Boots"，可以看到具体分类，包括 Safety Boots、Fashion Boots、Rain Boots、Others 等具体类目，如图 2-21 所示。

图 2-20　Men Shoes 产品类目

图 2-21　Boots 具体类目

（四）从首页了解热卖类目和产品

在 Shopee 平台买家主页，有十分多的活动位和推荐位，这些通道的用户流量较大，不论是官方强烈推荐或是商家自主选购的资源包，都是十分热销的产品。从买家首页可以看到"HOT PRODUCTS"，分别包括"LIMITED TIME DEALS（限时交易）""RM1 DEALS（RM1 低价交易）""FREE SHIPPING NO MIN.SPEND（包邮）"三个版块，如图 2-22 所示。

图 2-22　HOT PRODUCTS 热销产品的三个版块

　　Shopee 平台买家首页，是我们掌握东南亚地区顾客产品购买意向的第一道窗口。我们可以依据首页产品主图感观感受，了解本地客户的喜好，为我们的后续选品服务。

　　进入 TOP PRODUCTS 热门产品页面，查看热门排行类目，如图 2-23 所示，对顾客喜欢的类目有一定了解。单击"See All"查看更多热门类目和热门类目下的热销产品，如图 2-24 所示。

图 2-23　TOP PRODUCTS 热门排行类目

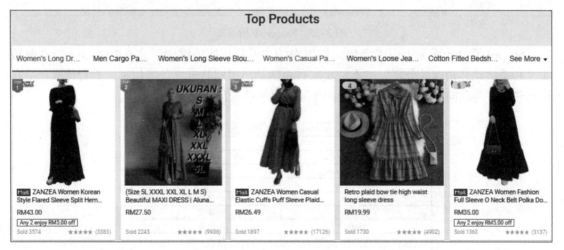

图 2-24　TOP PRODUCTS 热门类目下的热销产品

（五）站内选品来源

　　Shopee 平台官方有自己的微信公众号、市场周报、Shopee 卖家公用资料等，关注官方的渠道肯定是第一步。

1. Shopee 官方微信公众号

可以从 Shopee 官方微信公众号掌握 Shopee 平台每个站点的日常热卖产品数据。通过热门商品的搜索可以帮助商家找到过去 30 天在 Shopee 平台搜索最多、出单最多的商品。

2. 每周的市场周报分享

现阶段 Shopee 平台最权威的选品数据来源，便是每周派发的市场周报，如图 2-25 所示。Shopee 平台的卖家能够在 Shopee 卖家学习中心，领取每周的市场周报，市场周报会定期总结不同站点各类市场的畅销品和具有潜力的产品，以及客户热搜关键词。Shopee 平台卖家能够依据市场周报内容，汇总热销产品来剖析本地客户喜好，同时通过对比不同站点的周报分辨各站点热销产品的差别。

图 2-25　Shopee 市场周报

Shopee 平台的卖家可以参考市场周报中的"平台热搜关键词"（见图 2-26）、"跨境卖家秒杀活动热销商品分享""本地卖家秒杀活动热销商品分享"等信息，看看什么产品在市场热销。与此同时，市场周报还会给卖家提供一些选品建议。

一、平台热搜关键词

Keywords	关键词
dress	连衣裙
blouse	衬衫
kasut perempuan	女鞋
baju kurung	马来装
air fryer	空气炸锅
jersey	球衣
mask	口罩
kaftan	马来长袍
handbag women	女士手提包
blouse women	女性衬衫
handbag	手提包
pen spinning	转笔
tote bag	单肩包

＊排名不分先后

图 2-26　市场周报中平台热搜关键词

（六）站外选品来源

1. Shopee 跨境卖家自助服务站

Shopee 跨境卖家自助服务站中的选品指南分享平台，是 Shopee 官方的选品指南平台。这个工具是 Shopee 官方面向所有卖家开放的，选品指南分享平台主要分为两个板块，一个是上新基础指引板块，另一个是当季热点推荐板块。

（1）上新基础指引板块 这个版块是 Shopee 官方为了让新手卖家在短时间内快速了解平台选品的动态和方向，根据各个站点当下热销的趋势和当地的市场需求，为卖家推荐的各个站点的热销产品的选品方向。

（2）当季热点推荐板块 这个板块展示了当下平台每一个季度各个站点的热销产品数据，是为卖家推荐当下这个季度上什么产品最适合的板块。特别是对于季节性的产品，可以结合这个板块来选品上新。

卖家可以通过站点筛选，选择 Shopee 平台的各大站点。品类中包含各大站点的品类数据，通过筛选卖家所在站点品类就可以找到对应的产品品类信息。卖家还可以直接输入产品信息，如对关键词、描述、价格区间等进行模糊搜索，查看筛选出的热销品，包括示例图片、品类、关键词、产品描述、价格区间和热销产品推荐的理由。选品指南分享平台界面如图 2-27 所示。

图 2-27　选品指南分享平台界面

2. 本地购物、资信网站、社交媒体

卖家可以查看和 Shopee 平台同一地区的本土购物网站，查看本土购物网站中的热销产品。本土资信网站上的数据，知名社交媒体如 Facebook、YouTube、Instagram 中当下流行的元素等都可以作为选品的依据。

巩固提高

一、单项选择题

1. 以下产品中哪个不是跨境电商平台禁止销售的产品？（　　）
   A. 毒品工具　　　B. 危险化学品　　　C. 枪支弹药　　　D. 服装服饰产品

2. 在所选行业及所选范围时间内，搜索该关键词的人数经过数据处理后得到的对应指数是指（　　）。
   A. 搜索指数　　　B. 搜索人气　　　C. 访客指数　　　D. 浏览量

3. 选品专家提供了热销和热搜两个维度，其中热销是从（　　）的角度来说的。
   A. 卖家　　　B. 买家　　　C. 买卖双方　　　D. 供应商

4. 在行业趋势分析中，可以选择不同的行业进行比较分析，比较时最好选择（　　）。
   A. 上级类目　　　B. 同级类目　　　C. 下级类目　　　D. 以上都可以

5. 英国雨量偏多，有防水功能的产品颇受欢迎，可以开发汽车防雨罩、烧烤防雨罩等产品，这是采用了（　　）的选品方法。
   A. 节假日分析　　　B. 季节分析　　　C. 生活习惯分析　　　D. 人文分析

6. （　　）应该选择小众化、利润高的产品。
   A. 爆款产品　　　B. 基础产品　　　C. 核心产品　　　D. 利润产品

7. （　　）通过参考其他大买家近期销量最高的产品，然后自己从供应市场寻找并订购同样的产品来进行销售。
   A. 主动选品　　　B. 目标选品　　　C. 被动选品　　　D. 基准选品

8. 在热销维度下，圆圈的大小表示销售热度，圆圈越大，表示产品（　　）。
   A. 销售量越高　　　B. 销售量越小　　　C. 竞争越激烈　　　D. 竞争越小

9. 关联产品是指买家在浏览此类商品时会同时浏览、点击、购买的其他类产品。其中，产品与产品之间的连线越粗，表示买家同时关注度（　　）。
   A. 越高　　　B. 越小　　　C. 没关系　　　D. 不变

10. 在热搜维度下，圆圈颜色的深浅表示竞争程度，颜色越深，表示（　　）。
    A. 销售量越高　　　B. 销售量越低　　　C. 竞争越激烈　　　D. 竞争越小

二、多项选择题

1. 假发在多个跨境电商平台都有卖家售卖，销量可观，其原因可能是（　　）。
   A. 货物轻、体积小　　　　　　　B. 时尚潮流影响
   C. 货源充足　　　　　　　　　　D. 成本低、利润高

2. 谷歌趋势的查询条件有（　　）。
   A. 关键词　　　B. 国家　　　C. 时间　　　D. 方法

3. 热搜词中可以通过哪几个维度来进行排序？（　　）
   A. 搜索人气　　　　　　　　　　B. 浏览—支付转化率（购买率）
   C. 竞争指数　　　　　　　　　　D. 搜索指数

4. 热销词中可以通过哪几个维度来进行排序？（　　　）。

    A. 搜索人气　　　　　　　　　　　　B. 浏览—支付转化率（购买率）

    C. 竞争指数　　　　　　　　　　　　D. 搜索指数

5. 为规避风险、平衡利润空间，新手可以尝试的选品策略是（　　　）。

    A. 选择一些低价产品赚人气　　　　　B. 多囤货以避免缺货

    C. 选择一些独特产品高价售卖　　　　D. 采用滚动式发展的原则，避免浪费

6. 适合新手卖家选择的产品有（　　　）。

    A. 便于国际物流运输的产品　　　　　B. 定制和创意产品

    C. 其他卖家热销的同类产品　　　　　D. 自己感兴趣的产品

7. 适合在全球速卖通平台销售的产品的特征包括（　　　）。

    A. 体积小　　　　B. 价值较高　　　　C. 有特色　　　　D. 价值低

8. 全球跨境电商市场环境分析包括（　　　）。

    A. 政治环境　　　　B. 经济环境　　　　C. 文化环境　　　　D. 技术环境

9. 选品专家中选择单个关键词后可看到以下哪些数据？（　　　）

    A. 关联产品　　　　B. 热销属性　　　　C. 热销关键词　　　　D. 热销属性组合

10. 市场大盘数据包括哪些小类？（　　　）

    A. 行业趋势　　　　B. 行业构成　　　　C. 国家构成　　　　D. 关键词构成

三、判断题

1. 店铺的选品工作完成之后，即进入运营环节，通常无须再次进行选品。　　（　　　）

2. 重复购买率越高，说明消费者对该产品或服务的忠诚度越高，反之则越低。

    （　　　）

3. 在全球速卖通平台选品时可以不用看平台的数据也能选到好的产品。　　（　　　）

4. 虾皮网（Shoppe）是瞄准东南亚市场的一大跨境电商平台。　　　　　（　　　）

5. 选品要考虑不同平台的用户画像，比如亚马逊平台不适合中国卖家销售美妆类产品。　　　　　　　　　　　　　　　　　　　　　　　　　　　　　　　（　　　）

6. 通过差评数据分析平台热卖产品，可以找出顾客不满意的地方，对产品进行改良，解决顾客的消费痛点，对于产品的好评数据没有必要进行分析。　　　　　（　　　）

7. 保健食品和保健用品可以在全球速卖通平台发布。　　　　　　　　　　（　　　）

8. 母亲节前后是北美和欧洲市场跨境电商交易的最高峰，之后迅速跌至低谷。

    （　　　）

9. 国外经济环境的调研主要包括对一国的经济结构、经济发展水平、经济发展前景、就业、收入分配等情况的调研。　　　　　　　　　　　　　　　　　　　　（　　　）

四、简答题

1. 简述选品的原则。

2. 知识产权侵权包括哪三个类型？

3. 什么是产品需求选品策略？请列出三种产品需求选品方法，并用实例说明。

4. 产品组合分析法是选品的一种策略，产品组合选品策略通常由哪三类产品构成？

五、案例分析

防雨罩

产品背景：英国是一个岛国，属于温带海洋性气候，受盛行西风控制，气候湿润多雨。因此，有防雨功能的产品受欢迎程度较高，如雨衣、烧烤防雨罩、汽车防雨罩等。

问题：

请分析"防雨罩"这类产品在选品时应用了哪些选品原则或方法技巧？是如何应用的？有何借鉴之处？

技能实操

学生实操手册工单1

姓名		班级		学号	
性别		专业			
工单任务	选品分析报告				
任务内容	请对全球跨境电商市场进行调查研究，登录全球速卖通、Shopee 等主流跨境电商平台，搜索相关资料，根据目标市场和消费群体，选定自己要销售的产品。请结合选品逻辑思路、选品原则、选品标准和选品的注意事项等所学内容，说明选品过程和依据，进行汇报展示（PPT、Word 文档、表格、思维导图等均可）。 　　注意事项： 　　1. 选择接地气的、非恶趣味的商品。 　　2. 注意将目标市场和跨境电商平台挑选相结合。 　　3. 选品要具体到某个细分市场，最后应用商品图片直观展示。 　　4. 过程清晰，有理有据（定性定量分析），专业细致。				
任务要求	格式要求： 　　1. 字体：微软雅黑。 　　2. 字号：正文小四。 　　3. 间距：单倍行距。 内容要求：图文结合、图表结合。 结果要求：依据分析得出具体结论。				

学生实操手册工单2

姓名		班级		学号	
性别		专业			
工单任务	目标市场定位调研报告				
任务内容	请深入了解东南亚跨境电商市场消费者需求及特点，重点调研东南亚跨境电商市场的发展状况、跨境电商的品类、消费者的消费习惯、主要节假日、风俗习惯和宗教信仰等。 　　通过市场调研选择一个市场，尝试将市场进行细分，并发现其中的利基市场。最后根据市场调研和市场细分情况，明确市场定位，选定目标市场，分析竞争者情况，完成市场调研报告。				
任务要求	格式要求： 　　1. 字体：微软雅黑。 　　2. 字号：正文小四。 　　3. 间距：单倍行距。 内容要求：图文结合、图表结合。 结果要求：依据分析得出具体结论。				

学生实操手册工单 3

姓名		班级		学号	
性别		专业			
工单任务	微创新选品分析报告				
任务内容	请选定一个产品，在全球主流跨境电商平台中广泛浏览，收集该产品的各种微创新版本，分析该产品经历了怎样的微创新过程，采用了哪种微创新方法，假设让您来进行微创新的话，您会怎么做。请结合选品策略的理念和方法，大胆阐述您的设计想法或思路，完成分析报告和路演（PPT、Word 文档、表格、思维导图等均可）。 操作步骤： 　　1. 广泛浏览全球速卖通、Shopee 等跨境电商主流平台，结合市场需求、个人兴趣、平台热销产品等选定一款产品。 　　2. 以产品关键词进行搜索，查看销量排名前五的产品。 　　3. 分别查看每个产品的 10～15 页客户评价信息，从中挖掘目前产品存在的痛点。 　　4. 搜集该产品的各种微创新版本的图片，从搜索热度、产品定价和产品销量等方面分析其微创新效果。 　　5. 基于挖掘的产品痛点，阐述您的微创新设计想法或思路（从节假日、季节、生活习惯等方面进行微创新）。 　　6. 进行课堂路演。				
任务要求	格式要求： 　　1. 字体：微软雅黑。 　　2. 字号：正文小四。 　　3. 间距：单倍行距。 内容要求：图文结合、图表结合。 结果要求：依据分析得出具体结论。				

学生实操手册工单 4

姓名		班级		学号	
性别		专业			
工单任务	主流平台选品实操报告				
任务内容	请您利用谷歌趋势和全球速卖通平台或 Shopee 平台的买家前台获取关键数据并进行分析，为店铺选品提供决策依据，并在阿里巴巴 1688 上选取适合的产品，完成实训任务。 操作步骤： 　　1. 在全球速卖通平台或 Shopee 平台买家前台选定热销榜中的一款您想要开发的产品，分析为什么卖得好，产品有什么特点。 　　2. 利用谷歌趋势搜索您想要开发的产品关键词，查看其搜索热度，如果搜索热度大，您就可以进一步分析所选产品；如果搜索热度不大，请您重新选择一款产品。 　　3. 登录全球速卖通平台或 Shopee 平台买家前台查看产品关键词的竞争度，即前台的竞争产品数。 　　4. 再根据产品自身特点（如图片、标题、详情页），进一步思考产品是否合适。 　　5. 进入阿里巴巴 1688 批发网站，进行选品与采购；内容包括产品链接、产品截图、有无品牌 Logo、产品标题、价格、详情页、起批量、图片质量、评价（几颗星）、卖家客服服务质量、有无现货、发货所需时间等。				
任务要求	格式要求： 　　1. 字体：微软雅黑。 　　2. 字号：正文小四。 　　3. 间距：单倍行距。 内容要求：图文结合、图表结合。 结果要求：依据分析得出具体结论。				

学生实操手册工单 5

姓名		班级		学号	
性别		专业			
工单任务		热销商品品类分析报告			
任务内容		请深入了解全球速卖通和 Shopee 平台热销商品品类，选择你感兴趣的某一品类热销品，熟悉其产品的基本描述，完成产品信息表（表格包括产品名称、产品图片、产品属性详细描述和产品价格等）的填写。			
任务要求		格式要求： 　　1. 字体：微软雅黑。 　　2. 字号：正文小四。 　　3. 间距：单倍行距。 内容要求：图文结合、图表结合。 结果要求：依据分析得出具体结论。			

项目三

跨境电商营销与推广

学习目标

知识目标

- 了解跨境电商营销的含义和特点
- 了解营销理论在跨境电商中的应用
- 掌握速卖通店铺活动营销方法与技巧
- 掌握速卖通平台活动报名方法与技巧
- 了解速卖通直通车
- 掌握 Facebook 等 SNS 网站的营销策略
- 掌握搜索引擎营销的方法

能力目标

- 能够设置单品折扣、满件折/满包邮/满立减、店铺优惠券等店铺营销活动
- 能够根据跨境电商平台促销活动特点，选择合适的产品参加活动
- 能够利用直通车增加商品曝光和点击率
- 能够利用 Facebook 等 SNS 网站，为店铺引流
- 能够利用搜索引擎，策划跨境营销方案，为店铺引流

素质目标

- 具备跨境电商运营人员的基本职业道德，严格遵守行业法律法规
- 养成细心和耐心的工作习惯，树立良好的服务意识

学习路径图

初识跨境电商营销	跨境电商站内营销	跨境电商站外推广
跨境电商营销的含义和特点 跨境电商营销理论 跨境电商营销与传统营销的区别	速卖通店铺自主营销活动 速卖通平台活动 速卖通直通车	社交媒体营销 搜索引擎营销

任务一　初识跨境电商营销

案例导入　乘跨境电商发展东风，促企业乘风破浪

> 广州希音国际进出口有限公司（简称 SHEIN）是一家成立于 2008 年的跨境 B2C 互联网企业，主要经营女性快时尚领域，为全球消费者提供高性价比的时尚产品。目前已经进入了北美、欧洲、俄罗斯、中东、印度等市场。
>
> 经过多年来的不断努力，SHEIN 从默默无闻，逐渐发展成为圈内知名的跨境电商企业的排头兵，在行业里处于领先地位。SHEIN 集产品研发、供应链、仓储物流、App 运营于一体，拥有 2 个自营国际站点 SHEIN 和 ROMWE，9 个小语种站点，并在全球建立了 5 个客户服务管理中心。依靠稳定的质量、快速更新的款式、良好的服务、创新的运营方式，SHEIN 的会员数量不断增长，销售额稳步提升。
>
> SHEIN 顺应了消费者的习惯，不断"收割"各个新兴平台的流量。在起步时期，SHEIN 会在 Google 和 Facebook 上投放大量广告，依托这两个平台的流量红利迅速完成早期的流量积累。SHEIN 充分利用社交媒体进行数字化营销，通过社交媒体的账号运营和网红合作的模式，塑造自有品牌。同时，SHEIN 会跟 KOL、KOC、UGC 合作，进行投放，给公司带来更精准的流量，全方位提升公司的获客能力和水平。

案|例|思|考

SHEIN 如何从默默无闻发展成为跨境电商企业排头兵的？

▼ 任务描述

跨境电商营销本质上是营销，但是又不同于传统的营销模式。要在跨境电商的模式下理解与运用营销理论，需要了解跨境电商营销的特点，并对海外客户的特征、海外电商的发展有一定程度的了解，还要了解典型的跨境电商营销活动的内容与方式。

知识铺垫

互联网营销主要包括网络营销和社区化媒体营销。狭义的互联网营销也称为网络营销，是以国际互联网络为基础，利用数字化的信息和网络媒体的交互性来实现营销目标的一种新型市场营销方式。卖家通过互联网极大地缩短了信息在空间和时间上的距离，从而能够利用互联网上的一个节点，以很低的成本把商品卖到全国各地和世界各地，不需要像传统商业业态那样为了把商品尽可能卖到更多地方而形成一级一级的经销商。

学习实践活动

一、跨境电商营销的含义和特点

跨境电商营销是指企业以互联网为平台，利用电子商务技术和跨境物流，将产品或服务销售到其他国家或地区，以扩大市场份额和提高销售业绩的营销活动。

跨境电商营销有以下几方面特点：

（1）跨国市场 跨境电商营销是在不同国家和地区进行的市场经营活动。跨境电商企业需要了解不同国家和地区的法律政策、消费习惯、文化差异等，以便更好地适应市场和满足消费者需求。

（2）语言和文化差异 在跨境电商营销中，语言和文化差异是一个重要的考虑因素。企业需要对目标市场的语言进行本地化处理，以便消费者更容易理解和接受产品信息。此外，还需要关注目标市场的文化差异，选择符合当地文化背景的宣传方式和营销策略。

（3）物流和海关 跨境电商营销需要解决物流和海关的问题。企业需要建立稳定可靠的物流渠道，确保产品能够准时到达消费者手中。同时，需要了解目标市场的海关政策和要求，确保产品顺利通过海关检查和清关手续。

（4）支付和汇率 支付和汇率是跨境电商营销中需要重视的一大因素。跨境电商企业需要提供多种支付方式，以方便消费者进行支付操作。同时，需要关注目标市场的汇率变动，合理制定定价策略，以避免汇率波动对企业利润的影响。

（5）跨境法律和合规 跨境电商营销需要遵守目标市场的法律和合规要求。企业需要了解目标市场的相关法律法规，确保自己的经营活动合法合规。此外，还需要关注知识产权保护和消费者权益保护等问题，以建立良好的品牌形象和信誉。

跨境电商营销的特点使得企业需要综合考虑多个因素，制定适应市场的营销策略。只有深入了解目标市场，合理运用市场资源，才能在竞争激烈的跨境电商市场中取得成功。

二、跨境电商营销理论

跨境电商营销理论是指在进行跨境电商销售活动时所采用的理论和策略。常见的跨境电商营销理论主要有：

1. 国际市场分割理论

国际市场分割理论是指企业根据不同国家或地区的市场特征和需求，将全球市场划分为若干个相对独立的区域，针对每个区域制定适合本地市场的营销策略并进行产品定位。该理论认为，不同国家或地区在文化、经济、社会和法律环境上存在不同，消费者对产品和服务的需求也存在差异，因此企业应该针对不同市场制定差异化的营销策略，以满足不同市场的需求。

根据国际市场分割理论，企业通常会考虑四个因素来进行市场分割：①地理因素：不同地区的地理位置、气候条件、交通运输等因素都可能影响消费者的需求和购买习惯；②文化因素：不同国家或地区的文化差异对购买决策和消费行为有重要影响，企业需要了解和适应当地的文化特点；③经济因素：不同国家或地区的经济发展水平、收入水平和消费能力的差异也会影响市场的需求和价格敏感度；④法律因素：不同国家或地区的法律法规对产品的标准、认证和市场准入条件等的规定存在不同，企业需要遵守当地的法律法规。

2. 4P 营销理论

4P 营销理论涵盖了产品、价格、促销和渠道四个方面，可以帮助跨境电商企业制定有效的营销策略。

产品（Product）：跨境电商企业需要根据目标市场的需求和偏好，设计并提供合适的产品。这包括产品的特性、品质、包装等。此外，还可以通过定制化产品来满足不同市场的需求。

价格（Price）：跨境电商企业需要考虑定价水平和定价策略。由于跨境电商的特殊性，企业需要考虑到汇率风险、国际运输成本、关税等因素，并制定相应的定价策略。

促销（Promotion）：在跨境电商中，促销是吸引目标消费者并增加销售额的重要手段。可以通过线上广告、社交媒体营销、优惠活动、产品推荐等方式来促进产品销售。

渠道（Place）：跨境电商企业需要选择合适的渠道来销售产品。可以选择在自己的电商平台销售，也可以选择通过第三方平台、线下渠道等销售。此外，也要考虑到国际物流、仓储和供应链管理等问题。

3. 跨文化沟通理论

跨文化沟通理论是指在进行跨境电商营销活动时，需要考虑不同文化背景下的消费者的需求、价值观和行为习惯，并采取有效的沟通策略与他们进行交流和互动。

（1）霍夫斯泰德文化维度理论　根据霍夫斯泰德提出的文化维度理论，不同国家的文化可以通过六个维度进行比较和分析，包括权力距离、个人主义与集体主义、男性与女性的性别角色、不确定性规避、长期与短期导向和个人形象与关系导向。在跨境电商营销中，了解和应用这些文化维度可以帮助营销人员更好地理解和适应不同国家的消费者行为和市场环境。

（2）高低联系文化理论　不同文化可以根据联系的密度进行分类。高联系文化强调人际关系和社会联系，低联系文化则更注重个体独立和自由。在跨境电商营销中，了解不同国家的联系文化特点可以帮助营销人员制定适合的沟通策略，如在高联系文化国家中，强调人际关系和社交活动的营销策略可能更有效。

（3）言语和非言语沟通理论　不同国家的文化背景会导致人们在交流中使用不同的沟通方式。在跨境电商营销中，要注意不同文化之间的语言差异和非言语符号的差异，避免引起误解或冲突。同时，借助翻译工具和跨文化沟通专家的帮助，可以更好地进行跨境电商营销的沟通和传播。

4. 大数据分析理论

大数据分析理论是指利用大数据技术和分析方法对跨境电商市场中的海量数据进行深度挖掘和分析，从而为营销决策提供科学依据的理论体系。

（1）数据收集与整合　跨境电商涉及多个国家和地区，不同国家的市场数据、用户数据等需要进行收集和整合。通过数据收集和整合，可以建立全面、准确的数据集，为后续分析提供基础。

（2）数据清洗与预处理　由于跨境电商涉及多个系统和接口，数据往往存在冗余、重复、错误等问题，需要进行数据清洗和预处理。通过数据清洗和预处理，可以提高数据的准确性和质量，为后续分析做好准备。

（3）数据挖掘与分析　通过应用数据挖掘和分析技术，从大数据中发现潜在的规律和趋势。常用的数据挖掘技术包括聚类分析、分类分析、关联分析等。通过数据挖掘和分析，可以深入了解用户需求、市场趋势等，为营销决策提供科学依据。

（4）数据可视化与报告　通过数据可视化技术，将分析结果以直观的图表、报告等形式展示出来。数据可视化可以帮助决策者更直观地理解数据和分析结果，从而做出更精准的决策。

（5）预测与优化　基于分析结果，可以运用预测建模技术对未来市场趋势进行预测。同时，可以通过优化算法对营销策略进行优化，提高销售效果和市场竞争力。

5. 社交媒体营销理论

利用社交媒体平台，与目标市场的消费者进行互动和交流，提升品牌知名度和产品曝光度。

（1）社交媒体平台选择　根据目标市场的特点和消费者群体的偏好，选择合适的社交媒体平台进行营销活动。例如，Facebook、Instagram、Twitter 等平台在全球范围内都非常受欢迎，但在不同地区的使用情况可能有所不同。

（2）内容营销　社交媒体的成功与否关键在于内容的质量和吸引力。跨境电商需要制定出有针对性的内容营销策略，为目标市场的消费者提供有价值的内容，如产品介绍、使用教程、用户评价等，以吸引消费者的关注和参与。

（3）社交互动　社交媒体是一个实现品牌与消费者互动的重要媒介。跨境电商应通过社交媒体平台与消费者进行实时互动，回答他们的问题、解决他们的疑虑，提供个性化的服务和建议，增强用户对品牌的信任和忠诚度。

（4）社交影响力营销　社交媒体上的用户往往具有一定的影响力，他们的意见和推荐会对其他用户产生影响。跨境电商可以通过与社交媒体上的影响者合作，进行产品推广和推荐，提高品牌的知名度和影响力。

（5）数据分析和监测　跨境电商应用社交媒体分析工具，对社交媒体营销活动进行实时跟踪和监测，了解用户的行为和反馈，及时调整策略，优化营销效果。

6. 跨境电商平台选择理论

跨境电商平台选择理论是指根据不同跨境电商平台的特点、目标市场的需求和企业的资源优势，选择合适的平台进行产品销售和推广。在跨境电商营销中，选择合适的跨境电商平台非常重要。在选择跨境电商平台时，可考虑以下几个方面：

（1）市场定位和目标受众　首先需要确定自己的市场定位和目标受众，了解目标市场用户的特点、购物习惯和偏好。不同的平台在不同地区的受众群体和市场份额可能有所不同，选择符合自己目标受众的平台是关键。

（2）平台规模和用户数量　了解平台的规模和用户数量，选择拥有大量用户的平台可以将产品推广范围扩大，提高曝光率和销售机会。

（3）支付和物流系统　跨境电商的支付和物流系统非常重要。在选择跨境电商平台时，需要考虑其支付和物流系统的稳定性、安全性和便利性，以确保顺畅的交易和物流运作。

（4）平台费用和政策　了解平台的费用结构和政策，比较不同平台的费用和政策优劣，选择符合自己预算和需求的平台。

（5）用户评价和口碑　查看平台上的用户评价和口碑，了解平台的信誉和用户体验。选择有较好用户评价和口碑的平台，可以为用户提供更好的购物体验和服务。

（6）渠道和资源支持　了解平台的渠道和资源支持，是否提供市场推广、客户支持等服务，以便能够更好地开展营销活动和解决问题。

（7）法律和合规要求　考虑平台所在国家或地区的法律和合规要求，确保自己的业务符合规定，避免法律风险。

三、跨境电商营销与传统营销的区别

跨境电商营销和传统营销都是企业推广和销售产品或服务的方法，但在实施过程中有一些区别，主要包含以下几个方面：

（1）市场范围不同　传统营销主要侧重于本地市场，而跨境电商营销则是通过互联网和电子商务平台来进行国际市场的拓展。

（2）目标受众不同　传统营销通常面向本地消费者，而跨境电商营销面向全球范围内的消费者，突破了地域限制。

（3）市场调研方式不同　传统营销通常通过市场调研、问卷调查等方式来获取目标受众的需求和偏好，而跨境电商营销则可以通过大数据分析、在线用户行为等方式来获取更准确的市场信息。

（4）推广渠道不同　传统营销主要依赖传统媒体广告、展会、零售店等渠道进行推广，而跨境电商营销则可以通过社交媒体、搜索引擎、电子邮件等在线渠道进行推广。

（5）渠道成本不同　传统营销的渠道成本通常较高，例如广告投放、店铺租金等费用，而跨境电商营销的渠道成本较低。

任务二　跨境电商站内营销

案例导入　速卖通布局"双十一大促"

　　速卖通上的羽绒被品牌 Peter Khanun（彼得坎努）在 2022 年双十一活动中的销售额是 2021 年的 2.6 倍，其中发往韩国的商品占 85% 以上。

　　Peter Khanun 有针对性地研发了符合韩向审美的羽绒被。韩国消费者推崇精致、舒适的"一人居"生活，他们喜欢极简风和偏淡色的床品。结合威海仓和烟台仓发往韩国，无忧标准 2kg 的货品仅需 23 元运费，这让 Peter Khanun 的产品在价格上比韩国本土品牌更受欢迎。

　　目前，越来越多"一人居"的韩国年轻人依靠宠物的陪伴来缓解压力，增添温度。因此还诞生了一个由"宠物"和"家人"组合的新词汇"Petfam"。

　　养宠物需要大量的时间陪伴，而智能宠物喂食器有助于宠物主人更好地管理自己的时间，因此"智能养宠"的消费观在韩国盛行。来自中国的智能宠物用品品牌 ROJECO 就抓住了机会，2022 年双十一活动开始前 3 天，凭借一款智能宠物喂食机提前 2 周在烟台仓进行了备货，该年速卖通销量对比 2021 年双十一增长了 704%。

案|例|思|考

Peter Khanun 和 ROJECO 为什么能够在 2022 年双十一活动期间取得成功？

▼ 任务描述

　　熟悉速卖通平台提供的站内营销服务和工具，并能在实际操作过程中顺利开展。能够参加速卖通平台开展的各类活动，提高品牌知名度，增加跨境电商的曝光量以及成交量。

▼ 知识铺垫

　　速卖通是阿里巴巴集团旗下的一个国际交易平台，提供全球买家和卖家之间的在线交易服务。店铺自主营销是指速卖通店铺主动使用各种营销手段和策略，自行推广和销售产品的行为。

▼ 学习实践活动

一、速卖通店铺自主营销活动

速卖通店铺自主营销活动主要包括：单品折扣、满件折/满包邮/满立减、店铺优惠券等。

（一）单品折扣

单品折扣主要用于店铺自主营销活动中。单品的打折信息将在搜索、详情、购物车等买家路径中展示。单品折扣可以提高买家购买转化，快速出单。

单品折扣的具体操作如下：

（1）创建活动　登录"我的速卖通"，单击"营销"，在"店铺活动"中选择"单品折扣"，单击"创建"。

（2）创建店铺单品折扣活动

1）活动基本信息设置。单击"创建活动"进入活动基本信息设置页面；活动名称最长不超过 200 个字符，只供查看，不展示在买家端；活动起止时间为美国太平洋时间；最长支持设置 180 天的活动，且取消对每月活动时长、次数的限制；活动设置的时间开始后，活动即时生效；单击"提交"后进入优惠信息设置页面。创建活动页面如图 3-1 所示。

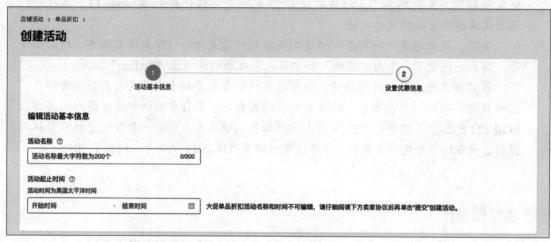

图 3-1　创建活动页面

2）活动优惠信息设置。支持单个商品、根据营销分组、表格导入形式设置；可筛选全部已选商品和未设置优惠商品，支持商品 id 搜索；支持批量设置折扣、批量设置限购、批量删除，批量设置折扣时默认全部 SKU 参加活动，参与活动的库存数同步使用商品普通库存数，如部分 SKU 不想参与活动，请修改商品普通库存数为 0；单击"保存并返回"即创建完成活动，等活动开始后即可生效。设置折扣页面如图 3-2 所示。

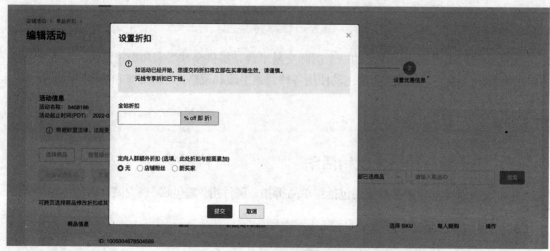

图 3-2　设置折扣页面

（3）活动状态说明 活动状态分为未开始、生效中、已暂停、已结束。未开始状态会展示倒计时，可进入活动基本信息页面进行编辑，进入优惠信息页面编辑管理商品，或暂停活动。生效中状态可查看活动详情、管理商品、暂停活动，暂停活动适用于整个活动的快速止损。已暂停状态可重新生效活动、查看活动详情。已结束状态可查看活动详情。

（二）满件折 / 满包邮 / 满立减

这类活动是卖家在自身客单价基础上设置的促销规则，可刺激买家增加消费额，也是提升客单价的店铺营销工具。

1. 满件折

（1）创建活动 登录"我的速卖通"，单击"营销"，在"店铺活动"中选择"满减活动"，单击"创建"。店铺活动页面如图3-3所示。

图3-3 店铺活动页面

（2）编辑活动基本信息 该页面如图3-4所示。

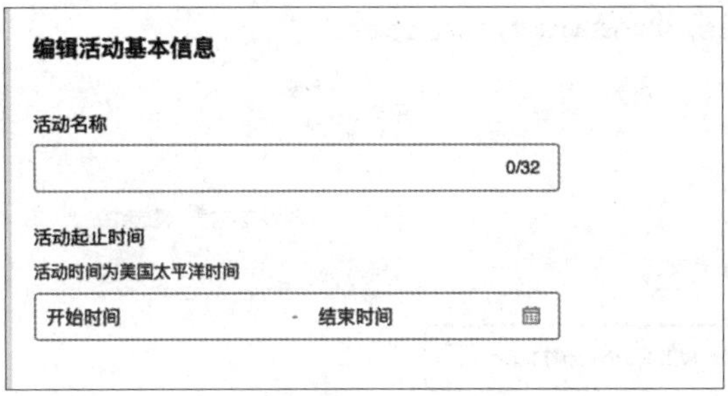

图3-4 编辑活动基本信息页面

（3）设置活动类型和详情 选择"满件折"，可只设置一个条件梯度，则系统默认是单笔订单件数条件以及满件折条件，在"条件梯度1"的前提下，该类型的满减不支持优惠可累加的功能（如当促销规则为满2减10%时，则满6件仍旧是10%）。也可以设置多个条件梯度，最多可以设置 3 个梯度的满件折优惠条件。多个条件梯度需要满足：后一梯度订单件数必须大于前一梯度的订单件数，后一梯度的优惠力度必须要大于前一梯度。设置活动类型和详情页面如图 3-5 所示。

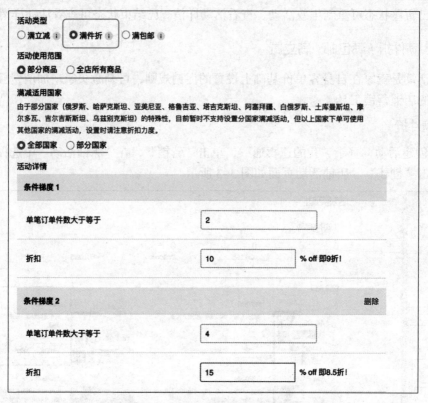

图 3-5　设置活动类型和详情页面

（4）选择商品　针对商品满件折活动，可以通过"选择商品"或者"批量导入"选择参加活动的商品，单次最多可以选择 100 个商品。选择商品页面如图 3-6 所示。

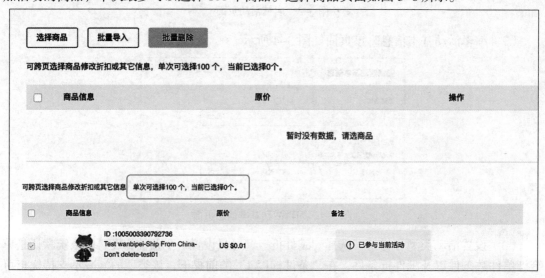

图 3-6　选择商品页面

也可以通过"批量导入"功能，用 Excel 文件导入商品。Excel 文件一次最多可以导入 10000 个商品。Excel 文件批量导入页面如图 3-7 所示。导入操作为：先下载模版，在模板文件中提交商品信息，然后上传文件。

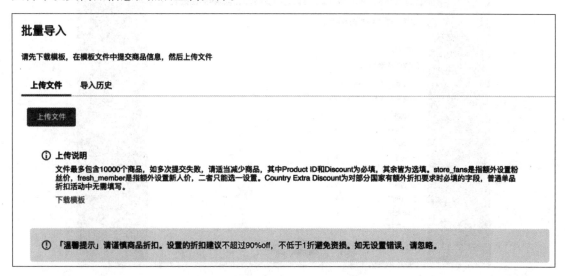

图 3-7 Excel 文件批量导入页面

2. 满包邮

（1）创建活动 单击"营销"，在"店铺活动"中选择"满减活动"，单击"创建"。

（2）编辑活动基本信息 在"活动名称"一栏内填写对应的活动名称，买家端不可见；在"活动起止时间"内设置活动对应的开始时间以及结束时间。编辑活动基本信息页面如图 3-8 所示。

图 3-8 编辑活动基本信息页面

（3）设置活动类型和详情 选择"满包邮"，选择"部分商品"，允许挑选部分商品参加满包邮活动，单个活动最多添加 10000 个商品；选择"全店所有商品"，设置"包邮条件"。若为满件包邮，则选择"单笔订单件数大于等于"；若为满金额包邮，则选择"单笔订单金额大于等于"。请注意：订单金额包含商品价格，但不包含运费。"满包邮"活动类型和详情设置页面如图 3-9 所示。

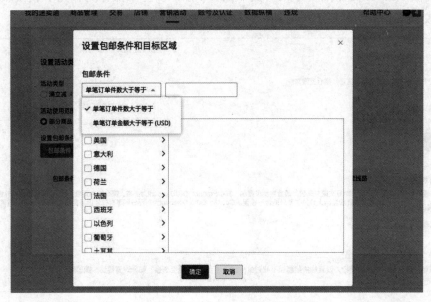

图 3-9 "满包邮"活动类型和详情设置页面

（4）设置"目标区域" 系统默认展示全站成交量最多的国家，包邮目标区域和物流方式都支持多选。包邮目标区域设置页面如图 3-10 所示。

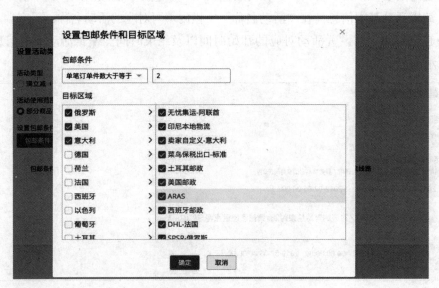

图 3-10 包邮目标区域设置页面

3. 满立减

（1）创建活动 单击"营销"，在"店铺活动"中选择"满减活动"，单击"创建"。

（2）编辑活动的基本信息 具体填写方式与"满件折""满包邮"相同。

（3）设置活动类型和详情　选择"满立减"。若选择"部分商品"，即设置了活动的部分商品的满立减活动，订单金额包含商品价格（不包含运费），商品按折后价参与；若选择"全店所有商品"，则为全店铺商品均参与满立减活动，订单金额包含商品价格（不含运费），所有商品按折后价参与。适用国家可选"全部国家"和"部分国家"。若选择"全部国家"，则所有国家的用户都可享受该权益；若选择"部分国家"，则仅选中国家的用户可看到并领取该权益。注意：在选择"部分国家"前需完成国家营销分组设置。

（4）设置"满减条件"　可只设置一个条件梯度，则系统默认是单层满减，在"条件梯度1"的前提下，可以支持优惠可累加的功能（即：当促销规则为满100减10时，则满200减20，满300减30，依此类推，上不封顶）。可设置多个条件梯度，最多可以设置3个梯度的"满立减"优惠条件。多个条件梯度需要满足：后一梯度订单金额必须大于前一梯度的订单金额，后一梯度的优惠力度必须大于前一梯度。

（三）店铺优惠券

店铺优惠券的营销活动多用于店铺自主营销。通过多种渠道进行推广，以及设置优惠金额和使用门槛，刺激转化，提高客单价。卖家常用的优惠券有领取型优惠券和定向发放型优惠券。

1. 领取型优惠券

领取型优惠券一般在各种渠道发放，用户获取后到店购买使用，是卖家引流、转化、拉新的有效手段。具体操作如下：

（1）创建活动　登录"我的速卖通"，单击"营销"，在"店铺活动"选择"店铺Code"，单击"创建"，店铺优惠券活动创建页面如图3-11所示。

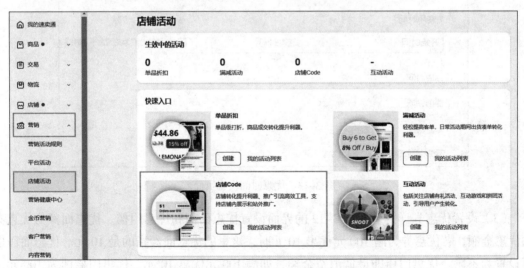

图3-11　店铺优惠券活动创建页面

（2）编辑活动基本信息　在优惠券类型一栏，选择"可传播（通用型）"，在"优惠名称"一栏内填写对应的活动名称，买家端不可见；在"开始时间"以及"结束时间"内设置活动对应的开始时间以及结束时间；活动时间默认为美国太平洋时间，同时可查看不同时区的时间，便于商家更好地进行国家差异化运营，如图 3-12 和图 3-13 所示。

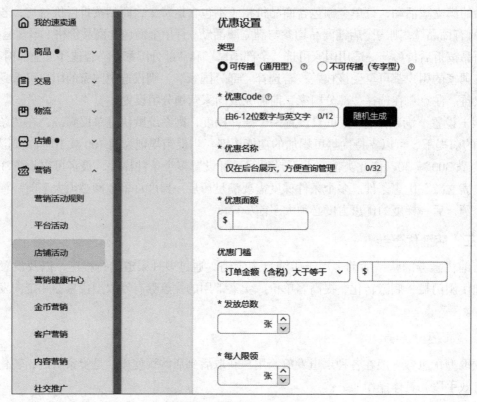

图 3-12 优惠设置页面

图 3-13 优惠时间设置页面

（3）设置优惠券详情 在图 3-12 的界面设置优惠面额和优惠门槛。优惠面额为优惠券的优惠金额，若优惠券为满 100 元优惠 10 元时，这里的优惠面额指的是 10 元。优惠面额也可设置为不限。优惠门槛即最低消费金额，如满 100 元优惠 10 元，优惠门槛即为 100 元，发放总数可任意设置。

设置使用时间时可设置有效天数，规定买家拿到优惠券后多少天内可以使用；也可以设置指定有效期，即优惠券只能在设置的使用时间内进行使用，其他时间不可使用。

最后单击"提交"，即可完成设置。

2. 定向发放型优惠券

定向发放型优惠券分为"直接发放"和"二维码发放"两种。二维码发放型优惠券给予买家的是二维码，这种类型的优惠券可以放在发送给客户的包裹中，买家通过扫码的形式就可以领取优惠券。

（1）创建活动　登录"我的速卖通"，单击"营销"，在店铺活动选择"店铺 Code"，单击"创建"。

（2）编辑活动基本信息　优惠券类型选择"定向发放型"→"二维码发放"，活动结束时间与优惠券有效期结束时间可以相同。考虑到物流时间的影响，对应的活动结束时间应和优惠券结束时间一致，合理设置优惠券使用结束时间，尽可能减少买家收到货前已经无法领取店铺优惠券的情况。

（3）设置优惠券详情　优惠券使用范围可以选择全店商品，也可以圈选部分商品；面额为优惠券的优惠金额，使用条件可设置为不限或有最低金额门槛；优惠券使用规则为默认每人限领一张，会指定具体的有效期。

最后单击"提交"，完成设置。

二、速卖通平台活动

阿里巴巴和速卖通会面向卖家推出免费推广服务活动，主要包括大促活动、团购活动以及针对特定行业和主题的专题活动。每一期的平台活动都会在卖家后台的营销活动中的"平台活动"板块进行展示和招商。卖家可以选取与自己店铺产品相符合的活动自主申请报名参加。

（一）平台活动类型

1. 全品类热招活动

全品类热招活动包括季节促销、节日促销、周年庆促销及行业促销等，热招活动页面如图 3-14 所示。

图 3-14　热招活动页面

2. 频道促销活动

速卖通的平台活动还包括一些频道促销活动，平台的频道促销活动往往是整个平台常年规划性地持续在做的引流，流量相对较大。平台频道促销活动页面如图 3-15 所示。

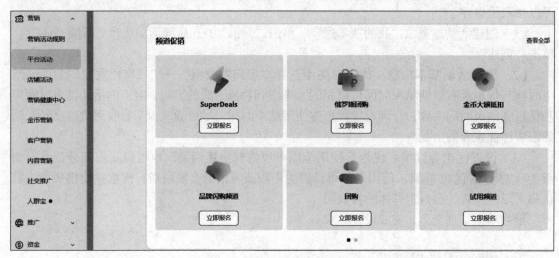

图 3-15　平台频道促销活动页面

3. 其他栏目活动

其他栏目活动主要是指权益玩法招商，它包括跨店满减活动、店铺 Code 活动、支付返现活动等，这些活动是根据店铺的整体运营效果，由平台邀请参加的，不是针对所有卖家的活动类型。权益玩法招商页面如图 3-16 所示。

图 3-16　权益玩法招商页面

小资料　速卖通平台大促

速卖通平台每年会有三次大促，分别是 328 大促、828 年中大促和双 11 大促，通常会提前一个月左右招商。

1. 328 大促

时间：每年的 3 月 28 日。

328 大促是速卖通平台的周年庆活动，每年都会举行，作为仅次于双 11 的大型促销活动，能为卖家输送海量流量，帮助卖家提升订单量。

2．828 年中大促

时间：每年的 8 月 28 日。

828 年中大促是旺季来临的标志，衔接双 11 大促。

3．双 11 大促

时间：每年的 11 月 11 日。

双 11 是速卖通力度最大的促销活动。

除了以上三大促销活动，速卖通每隔一段时间还有官方举办的促销打折活动，需要及时关注平台的通知，例如：

1．Weekend Deal

Weekend Deal 都是在每周五预览，周六、周日进行售卖。想要参加的商家报名周四招商活动，然后提交商品审核。

2．团购和 Today deals

这类活动类似秒杀，主要是低利润走量，以抢曝光和信誉为主。如果商品折扣力度大、库存多，则会优先考虑。

3．不定期平台活动

速卖通不定期平台活动包括平台特定主题频道活动和平台大促，如新年换新季活动、情人节大促活动等，对价格折扣、店铺等级、90 天好评率都有一定的要求。

4．行业主题性促销

这类活动属于适合推新品的日常行业促销活动，需要按照主题商品报名。这类活动结合买家对商品的购买需求，发现行业的潜力新品类，推进行业的发展。

（二）平台活动报名

进行活动报名之前，先要查看活动报名要求，找到适合自己店铺并符合参与要求的活动进行报名。

1．查看可报名活动

登录速卖通后台，执行"营销"→"平台活动"命令，打开"查看全部"页面，或者单击平台固定频道活动板块中对应活动的"活动报名"按钮。该页面支持筛选功能，可以按活动类型、报名资质、报名状态进行筛选。单击"搜索"按钮，页面会显示正在招商的活动列表，如图 3-17 所示。

图 3-17　正在招商的活动列表

在筛选出的活动列表中，如果店铺符合活动资质要求，可以单击"活动报名"按钮进行报名；若不符合要求，"活动报名"按钮不可单击，并且在下方会显示"不符合资质原因"按钮，单击该按钮可以查看店铺不符合活动报名资质的原因。

2. 设置活动信息

设置活动信息流程包括查看招商规则、选择活动商品、设置商品库存及折扣率、提交活动报名。

（1）查看招商规则 选定好参加的活动后，单击"活动报名"按钮，进入活动详细描述页面，在该页面可以查看具体招商规则，如图3-18和图3-19所示。

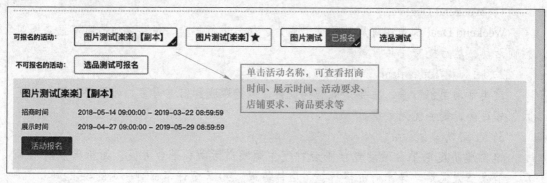

图 3-18 活动报名页面

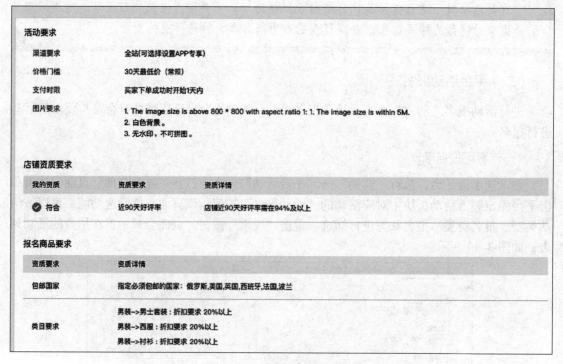

图 3-19 查看招商规则页面

（2）选择活动商品 单击"活动报名"按钮进入添加商品页面后，单击"添加商品"按钮，打开"选择商品"页面，该页面具有智能筛选可报名商品和推荐商品的功能，如

图 3-20 所示。

图 3-20　选择商品页面

（3）设置商品库存及折扣率　在活动设置页面中，单击"商品库存及折扣率设置"按钮，根据页面要求设置符合条件的库存数量以及折扣率。可以设置"全站折扣率"和"APP专享折扣率"两种方式，如图 3-21 所示。

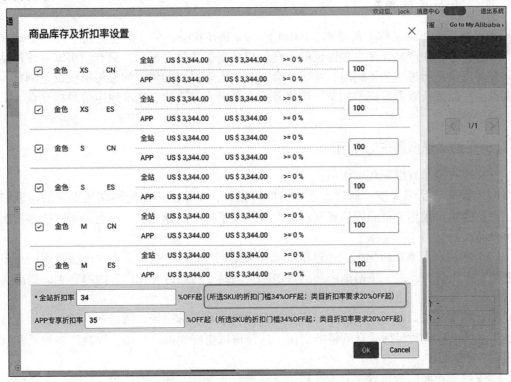

图 3-21　商品库存及折扣率设置页面

（4）提交活动报名　已经选择参加活动的产品，可以通过输入产品名称或产品 ID 来搜索报名活动的设置信息。确认信息无误后单击"提交"按钮，完成该商品的活动报名。还可以单击"批量提交"按钮，对多个已选商品进行批量提交。

小资料 速卖通平台大促的基本逻辑

速卖通基本每个月都有一次日常大促活动，大促期间，速卖通流量会向那些已经参加了 Super Deals，Flash Deals 的店铺商品倾斜。那些没有参加平台活动（或者只参加了效果不明显活动）的商家，一部分流量反而可能被吸走。具体表现就是访客数可能比平时还少。平台大促是一个分化器，它只会让强者越强，弱者越弱。卖家在速卖通平台的交易情况需满足以下条件，才有权申请加入平台组织的促销活动：

（1）有交易记录的卖家，需满足如下条件：

1）好评率≥ 90%。

2）店铺 DSR 商品描述平均分≥ 4.5。

3）速卖通平台对特定促销活动设定的其他条件。

上述的好评率和店铺 DSR 商品描述平均分非固定值，不同类目、特定活动或遇到不可抗力事件影响，会适当进行调整。

（2）无交易记录的卖家，由速卖通平台根据实际活动需求和商品特征制定具体卖家准入标准。

三、速卖通直通车

速卖通直通车，又称竞价排名、P4P（Pay for Performance），是速卖通平台的全球在线推广服务，可以让产品在多个关键词的黄金位置免费优先排名展示。只有当买家对该产品产生兴趣并点击进行进一步了解时，系统才会对这次点击进行扣费；如果买家仅仅是浏览，并没有点击产品进行查看，则不扣费。该服务旨在帮助卖家迅速、精准地定位目标受众，扩大产品营销渠道。

（一）速卖通直通车的作用

速卖通直通车有以下几点作用：

（1）提高产品曝光度　通过直通车的广告投放，卖家的产品能够在速卖通的搜索结果页、产品详情页和相关页面等位置展示，大大提高了产品的曝光度，让更多买家能够看到和了解产品。

（2）增加点击率和转化率　通过精准选择关键词进行广告投放，卖家能够吸引到更多的潜在买家点击广告，进一步增加产品的点击率。同时，可通过优化广告内容和页面提高买家的转化率，从而将点击转化为实际销售。

（3）精准定位目标受众　卖家可以根据产品特点和目标市场，选择适合的关键词进行竞价购买，从而实现对目标受众的精准定位。这样可以更好地推广产品，提高广告效果和营销效果。

（4）灵活控制广告投放　直通车提供了多种广告形式，如搜索广告、推荐广告和展示广告等，卖家可以根据自己的需求和预算选择合适的广告形式和投放策略。同时，还可以根据广告效果进行实时调整和优化，提高广告的性价比。

（5）数据分析和优化　速卖通直通车提供了丰富的数据分析和报表功能，卖家可以实时监测广告投放效果、关键词排名和转化率等数据，根据数据分析进行广告优化和调整，提高广告的效果和 ROI。

（二）利用直通车进行推广

1. 开通直通车

直通车开通界面如图 3-22 所示。

图 3-22　直通车开通界面

2. 熟悉直通车功能

直通车有以下功能：

1）账户概览。可以查看直通车账户状态、账户余额、向账户充值。

2）推广信息。可以查看店铺所有的推广计划，如今日已消耗、每日消耗上限、消耗进度。

3）数据效果。①七日曝光量：可以展示最近 7 天通过直通车推广，买家搜索时获得的商品展现次数。②七日点击量：可以展示最近 7 天通过直通车推广，买家搜索时获得进一步点击查看次数。③七日点击率：可以展示在最近 7 天内点击率的数据（点击率 = 点击量 / 曝光量）。如果点击率较高，说明买家对卖家推广的商品更感兴趣、愿意进一步了解商品详情。

点击率是反映卖家商品是否满足买家的采购需求、是否令买家感兴趣的重要指标。④七日总花费：可以显示最近 7 天内整个账户的财务消耗，精确到小数点后两位，单位是元。⑤七日平均点击花费：可以显示在最近 7 天内卖家为速卖通直通车推广带来的点击所支付的平均点击扣费金额，代表了卖家引入 1 个潜在买家的平均成本（平均点击花费 = 总花费金额 / 总点击量）。⑥环比：以 7 天的维度进行前后对比，反应关注的数值本期比上期上涨了多少或下降了多少。

4）我的监控。可自由地选择一个或多个推广计划，监控其曝光、点击、点击率、花费、平均点击花费等数据。

3. 直通车账户充值

通过速卖通的订购服务，可向直通车账户充值，如图 3-23 所示，充值后可显示账户余额。

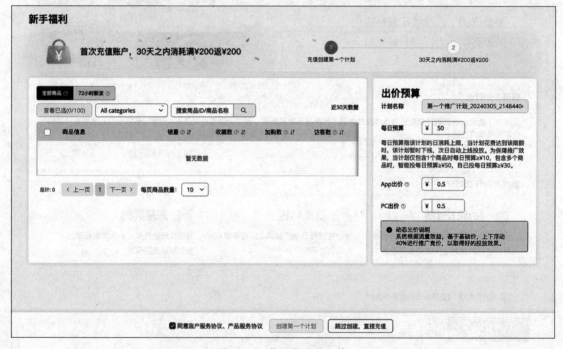

图 3-23　直通车账户充值

在参与直通车活动时，要设置账户每日消耗上限，即每日最高消费金额。到达消耗金额上限后，当天不再参与直通车营销活动。

设置余额提醒功能，当账户余额低于设定金额时，自动向手机发送提醒短信，向邮箱发送电子邮件。

设置好以上内容后，会自动生成邀请链接，卖家复制链接地址，可通过邮件或其他通信工具发送给用户，当用户点击链接，将自动累计邀请用户数。

4. 新建推广计划

单击"新建推广计划"，选择"全店智投"，可以让全店铺所有商品智能投放，测品打爆，全生命周期托管；选择"智能投"，系统会智能选择关键词、人群投放，卖家仅需选择商品，设置预算出价；选择"自己投"，商家就可以自选关键词、人群、投放地域、组合搜索、推荐渠道推广，精准规划推广设置。新建推广计划页面如图 3-24 所示。

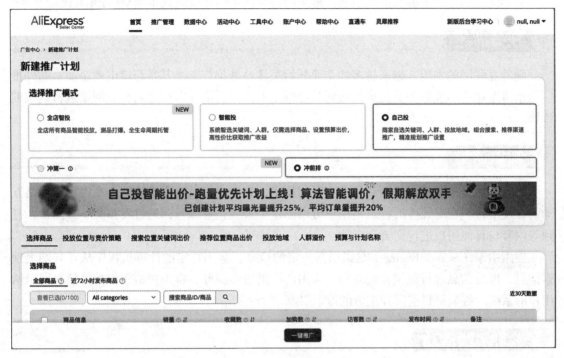

图 3-24　新建推广计划页面

任务三　跨境电商站外推广

案例导入　推广灵又变，鸡毛飞上天

义乌市莫纳迪商贸有限公司（简称莫纳迪）创建于 2017 年，是一家集研发、销售为一体的专业眼镜跨境电商出口的贸易型公司，主要从事平光镜、太阳镜、蓝光眼镜和老花镜外贸出口。公司与厂家保持多年的合作关系，拥有丰富的采购资源和较强的供应链整合能力，同时莫纳迪自身具有良好的产品开发能力。

莫纳迪内部分六个部门，分别为 B2B 外贸部、B2C 跨境电商部、财务部、物流部、设计部、采购部，其中 B2C 跨境电商部下设亚马逊、独立品牌站、速卖通三个分支部门。

莫纳迪除了在平台内部多渠道广撒网覆盖推广，还对产品进行付费推广，不仅可以曝光品牌和产品，带来产品订单转化，还可以将公司优质内容传播出去，吸引客户，形成粉丝效应；同时还针对受众群体进行广告推广，有目标、有目的性地在客户中宣传公司产品。

公司 2021 年销售额达到 4000 万元人民币，多款产品在售卖平台眼镜细分类中排前 10 名。

案|例|思|考

莫纳迪公司采取了哪些推广措施使得年销售额在第四年就达到了 4000 万元人民币？

任务描述

随着互联网的发展，越来越多的企业开始关注站外推广，尤其是跨境电商企业。站外推广是指将企业产品或服务的信息发布到其他网站上，吸引潜在客户进入企业网站进行购买或咨询。

知识铺垫

社交媒体是指通过互联网和移动互联网技术，为用户提供社交交流、分享内容和网络互动的在线平台。社交媒体的特点是用户可以创建个人或企业账号，通过发布文字、图片、视频等内容与其他用户进行交流和互动。

搜索引擎（Search Engine）是指根据一定的策略，运用特定的计算机程序从互联网上搜索信息，再对信息进行组织和处理后，为用户提供检索服务，将用户检索相关的信息展示给用户的系统。谷歌是目前国外主流的搜索引擎。

学习实践活动

一、社交媒体营销

社交媒体的崛起是近年来互联网的一个发展趋势。不管是国外的 Facebook 和 Twitter，还是国内的抖音或微博，都极大地改变了人们的生活，将人们带入了一个社交网络的时代。人们会借助社交平台来分享自己的日常生活，分享自己的新宝贝，交流经验和心得等。商家会借助社交网站的分享和互动特点来推广品牌，从而形成较好的口碑。

（一）社交媒体营销的特点

社交媒体营销有如下特点：

（1）目标广泛　社交媒体平台拥有庞大的用户群体，能够覆盖全球范围的潜在用户，帮助企业实现品牌曝光，触达更多目标用户。

（2）实时互动　社交媒体平台是一个实时互动的平台，企业可以通过即时回复、评论和私信等方式与用户进行互动，提高用户参与度和忠诚度。

（3）精准营销　社交媒体平台可以通过用户的个人信息和兴趣爱好等数据进行精准的广告投放和推送，使其更具有针对性，还能提高转化率。

（4）可量化分析　社交媒体平台提供了丰富的数据分析工具，可以对营销活动的效果进行实时监测和分析，帮助企业优化营销策略，提高投资回报率（ROI）。

（5）提升品牌形象　通过社交媒体平台，企业可以与用户建立更加亲密和直接的联系，分享企业文化、产品信息和行业动态等，提升品牌形象和用户认知度。

（6）多样化内容形式　社交媒体平台提供了多种形式的内容发布方式，如文字、图片、视频等，可以更好地满足用户的多样化需求并提升用户体验。

（7）提供社群环境　社交媒体平台为用户提供了交流和互动的社群环境，用户可以在其中分享经验、交流意见和参与讨论，形成用户黏性和用户口碑。

（二）跨境电商社交媒体营销的主要平台

1. Facebook

Facebook 是 2004 年成立的社交媒体平台。Facebook 以其庞大的用户群体和多功能性而闻名，是全球最大的社交媒体平台之一。Facebook 的主要功能包括用户可以创建个人资料，分享状态、照片和视频，与朋友互动评论和点赞，加入兴趣群组和页面，以及与其他用户私信和视频通话等。用户可以通过关注感兴趣的品牌、媒体和公众人物等，获取最新的新闻、信息和娱乐内容。除了个人用户，Facebook 也为企业和品牌提供了广告投放平台，可以通过广告位购买和精准定位的方式，向特定受众推送广告。这使得许多跨境电商品牌选择在 Facebook 上进行广告宣传和营销活动。

2. YouTube

YouTube 是一个视频分享平台，允许用户上传、观看、分享和评论各种类型的视频内容。YouTube 成立于 2005 年，其目标是为全球用户提供一个免费的视频分享平台，让用户能够轻松地上传和发现各种视频内容。YouTube 的用户数量庞大，每天有数亿的用户访问该平台。它已经成为全球非常受欢迎的视频分享平台之一，并为许多用户和内容创作者提供了展示他们才华和创意的机会。

3. Twitter

Twitter 是一个社交媒体平台，成立于 2006 年。它允许用户发送和阅读消息，这些消息被称为"推文"。用户可以通过关注其他用户的推文来获取他们感兴趣的内容，并在自己的账号上发布自己的推文。

Twitter 的用户可以使用标签来为推文添加关键词，以便其他用户可以更轻松地找到和参与相关话题的讨论。此外，用户还可以通过在推文中提及其他用户的用户名来与他们进行互动。

4. LinkedIn

LinkedIn 是一个专注于职业人士社交和职业发展的社交媒体平台，成立于 2002 年，总部位于美国。它被认为是业界最大、最权威的职业社交网络之一。LinkedIn 的主要功能是让用户建立个人职业资料，包括教育背景、工作经历、技能、项目经验等。用户可以与其他用户建立联系来扩大自己的人脉圈，并与他们分享职业信息和建立业务关系。LinkedIn 还提供了一个职位搜索功能，用户可以浏览和申请全球各地的工作机会，也可以通过关注公司和行业来获取职业发展的最新动态。除了个人用户，公司和组织也可以在 LinkedIn 上创建自己的页面，展示公司文化、招聘信息和业务成就，吸引潜在员工和业务合作伙伴。

5. Pinterest

Pinterest 是一个社交媒体平台，成立于 2010 年，总部位于美国，其特色在于用户可以通过在虚拟画板上收集和分享图片和视频来发现和存储灵感和创意。Pinterest 的用户可以创建多个画板，然后在上面收集和组织自己喜欢的图片和视频。这些画板可以按照不同的主题、兴趣和项目进行分类，例如家居装饰、时尚搭配、烹饪食谱、旅行目的地等。用户可以通过搜索功能浏览和发现其他用户的画板，也可以关注其他用户，获取他们的灵感和创意。同时，Pinterest 还提供了"钉住（Pin）"功能，允许用户将感兴趣的内容添加到自己的画板上。Pinterest 也是一个营销工具，许多品牌和商家使用该平台展示和推广自己的产品和服务。用户可以通过点击图片上的链接，直接跳转到相关的购买页面。Pinterest 在全球范围拥有数亿的用户，其多样化的内容和创意吸引了各个领域的人群。

6. TikTok

TikTok 作为一个崭新而富有活力的社交媒体平台，最初的理念是为用户提供一个简单而有趣的平台，让他们能够通过创作和分享短视频来表达自己。这种简洁而富有创意的形式吸引了年轻人的注意，使他们能够展示自己的才华、创意和个性。平台的用户界面和功能设计也让用户能够轻松地剪辑、编辑和添加音乐，从而创建吸引人的短视频内容。这一创新性的理念和用户体验帮助 TikTok 在短时间内获得了巨大的用户基础和忠实的粉丝。

TikTok 提供了广告投放功能，允许企业在平台上展示精心制作的广告内容，以吸引用户的注意力。广告主可以根据受众的兴趣、年龄和地理位置进行精准的定向广告投放。TikTok 与创作者和企业建立了紧密的合作关系，可以帮助品牌创建与平台用户相关的创意内容。

二、搜索引擎营销

（一）搜索引擎营销含义

搜索引擎营销（Search Engine Marketing，SEM）是一种新的网络营销形式，它所做的就是全面而有效地利用搜索引擎来进行网络营销和推广。SEM 追求最高的性价比，以最小的投入，获得最大的来自搜索引擎的访问量，并产生商业价值。

> **小资料** 搜索引擎的历史与发展
>
> 现代意义的搜索引擎出现于 1994 年。当时斯坦福大学的杨致远和大卫·费罗共同创建了超级目录索引"YAHOO！"，并使搜索引擎的概念深入人心。1998 年，谷歌公司成立，将互联网带入了以搜索引擎为主导的时代。

搜索引擎营销是指利用搜索引擎、分类目录等具有在线检索信息功能的网络工具进行网站推广的方法。由于搜索引擎的基本形式可以分为网络蜘蛛型搜索引擎（简称搜索引擎）和基于人工分类目录的搜索引擎（简称分类目录），因此搜索引擎推广的形式也相应地有基于搜索引擎的方法和基于分类目录的方法。前者包括竞价排名、购买关键词广告、搜索引擎优化（SEO）、基于内容定位的广告等多种形式，而后者则主要是在分类目录合适的类别中进行网站登录。

（二）搜索引擎营销模式

1. 竞价排名

竞价排名是指网站付费后才能被搜索引擎收录，付费越高者排名越靠前。竞价排名服务，是由客户为自己的网页购买关键词排名、按点击计费的一种服务。客户可以通过调整每次点击付费价格，控制自己在特定关键字搜索结果中的排名；并可以通过设定不同的关键词捕捉不同类型的目标访问者。

2. 购买关键词广告

购买关键词广告是指企业或个人在搜索引擎或其他在线平台上购买特定关键词的广告服务。当用户在搜索引擎中输入与关键词相关的搜索词时，广告主的广告会显示在搜索结果页的顶部、底部或侧边等位置。广告主需要支付一定的费用，以竞标的方式获得展示广告的机会，当用户点击广告时，广告主还需要支付一定的点击费用。购买关键词广告可以帮助企业或个人在搜索引擎上提高曝光度，增加网站流量，并吸引潜在客户。

例如，在谷歌中购买关键词广告，需要进行以下步骤：

第一步，访问 Google Ads 网站（https://ads.google.cn）并按照提示进行账户创建，如果已经拥有 Google 账户，则可以直接使用该账户登录。

第二步，在 Google Ads 中确定广告目标，例如增加网站流量、提高销售量等。根据目标的不同，可以选择不同的广告类型和设置模式。

第三步，选择相关的关键词，当用户在 Google 搜索相关内容时，广告就会出现在搜索结果页中。可以使用 Google Ads 的关键词规划工具来帮助自己确定适合的关键词。

第四步，确定广告预算，即愿意每天投入的广告费用。可以根据预算设置每天的最大出价，以控制广告的展示频率。

第五步，编写吸引人的广告文本，并添加相关的 URL 链接。确保广告内容与目标和关键词相关，并能吸引潜在客户的注意力。

第六步，选择广告投放的位置和时间段。可以选择在特定的地域和特定的时间段展示广告，以更精确地定位目标受众。

第七步，设置好广告内容和参数后，需要等待 Google Ads 的审核。一旦广告通过审核，就可以发布广告并开始投放。

第八步，一旦广告开始投放，可以使用 Google Ads 提供的分析工具来监测广告的效果。根据数据分析，可以进行调整和优化，以提高广告的效果和回报。

3. 搜索引擎优化（SEO）

搜索引擎优化是指对网站进行优化设计，使得网站在搜索结果中靠前。搜索引擎优化（SEO）包括网站内容优化、关键词优化、外部链接优化、内部链接优化、代码优化、图片优化、搜索引擎登录优化等。

巩固提高

一、单项选择题

1. 下面属于跨境电商店铺自主营销方法的是（　　　）。
   A. 限时限量折扣　　　　　　　　B. 全店铺打折
   C. 店铺满立减　　　　　　　　　D. 平台大促

2. 下面关于单品折扣活动描述错误的是（　　　）。
   A. 结合买家需求，巧妙设置折扣及库存
   B. 结合满立减和优惠券等其他活动，效果更好
   C. 活动开始时间为美国时间
   D. 活动开始时间为中国时间

3. 关于单品折扣活动的设置，以下哪一项是不建议操作的（　　　）。
   A. 活动开始后可告知老买家
   B. 提价后打折
   C. 设置时间不宜过长，一般一周为宜
   D. 结合满立减和优惠券等其他活动，效果更好

4. 优惠券的优势不包括（　　　）。
   A. 灵活方便　　　　　　　　　　B. 提高了使用效率
   C. 新型的网络宣传手段　　　　　D. 以让利形式进行促销

5. 以下选项中，不是社交平台营销的缺点的是（　　　）。
   A. 对粉丝无要求　　　　　　　　B. 新内容产生速度快
   C. 传播力有限　　　　　　　　　D. 可靠性低

6. Linkedln（领英）成立于（　　　）。
   A. 2000 年 12 月　　　　　　　　B. 2001 年 12 月
   C. 2002 年 12 月　　　　　　　　D. 2003 年 12 月

7. 用搜索引擎工具可以实现的营销目标有（　　　）。
   A. 不被搜索引擎收录　　　　　　B. 在搜索结果中排名靠后
   C. 增加用户点击率　　　　　　　D. 不能将浏览者转化为顾客

8. 基于搜索引擎的网站推广方式不包括（　　　）。
   A. 网站登录　　　B. 网络广告　　　C. 竞价排名　　　D. 网站优化

9. 下列关于"关键字（词）"描述不正确的是？（　　　）
   A. 关键字（词）出现在网页中可以帮助搜索引擎找到网页
   B. 关键字（词）出现的次数影响排名的顺序
   C. 关键字（词）以自然语句的频率出现效果最佳
   D. 过度人为插入关键字（词）的行为，不会被归类为作弊

10. Twitter 在（　　　）推出了购物功能。

    A. 2013 年 9 月　　　　　　　　　　B. 2014 年 9 月

    C. 2012 年 9 月　　　　　　　　　　D. 2011 年 9 月

二、多项选择题

1. 店铺自主营销有哪几种活动形式（　　　）。

    A. 全店铺打折　　　　　　　　　　B. 限时限量折扣

    C. 满立减　　　　　　　　　　　　D. 店铺优惠券

2. 商家在发放优惠券时，要注意满足一般优惠券的发放规律，比如（　　　）。

    A. 优惠券的成本　　　　　　　　　B. 优惠券的渠道

    C. 优惠券的传播方式　　　　　　　D. 优惠券发放的时间

3. 下哪些社交媒体适合跨境电商营销（　　　）。

    A. Facebook　　　　B. Twitter　　　　C. YouTube　　　　D. LinkedIn

4. 以下属于吸引粉丝最有效的途径的是（　　　）。

    A. 发表话题　　　B. 关注别人　　　C. 转帖 @ 别人　　　D. 评论 @ 别人

5. 想要做好社交媒体营销，要根据产品的（　　　），选择更适合、更容易维护的社交平台。

    A. 品类　　　　B. 性质　　　　C. 特点　　　　D. 作用

三、判断题

1. 网络营销是以互联网为媒介，以新的方式、方法和理念实施营销活动，能够更有效地促成个人和组织交易活动的实现。（　　　）

2. 满立减活动是满 30 减 3 元，客户下了个 28 元的订单，这时不要提醒客户，就可以省下 3 元。（　　　）

3. 速卖通号称集信息、交易、物流和支付于一体，因此在速卖通上开店不存在任何风险。（　　　）

4. 在美国，"黑色星期五"指的是每年感恩节过后的第二天，这一天通常被认为是圣诞采购季节的正式开始，被看作是每年零售业圣诞销售业绩的晴雨表。（　　　）

5. 关注客户的社交软件动态并与客户进行互动是情感营销过程中常用的方式。（　　　）

6. 搜索引擎优化是一项长期工作，没有终止的时候。（　　　）

7. SEO 是一种利用搜索引擎的搜索规则来提高目的网站在有关所有引擎内排名的方式。（　　　）

8. 买家搜索的关键词在文本中反复出现的次数越多越好。（　　　）

9. 搜索引擎为网络营销提供的方式趋于多样化。（　　　）

四、简答题

1. 简述跨境电商营销的含义和特点。

2. 简述搜索引擎营销的含义和模式。

五、案例分析

DealeXtreme（DX）是一家综合的外贸 B2C 电子商务网站，主营电子类产品，成立于

2005 年。DX 以超前的技术架构、强悍的价格能力、超低的人力成本和先进的网络营销技术迅速崛起，2010 年销售额达到 2 亿美元。

DX 采用的方式是"SNS 营销"，最擅长其中的"论坛营销"，即通过和论坛合作，把网站相关的产品信息、打折优惠信息曝光，并把不同的产品推送到不同的论坛，是用户黏度较高而成本又较低的一种方式。可以说，论坛营销"除了人力，就没有其他的支出了"。

但是 DX 真正把网络营销做得不一样的地方在于，它独立运营着一个论坛，上面聚集了大批早期客户，并且不停地依靠口碑拉来新客户。按照 DX 的设计，互联网的自由精神在这里得到充分体现，DX 不允许员工删除论坛上的任何一个评论，所有的版主都是消费者。在大部分的板块里，客户们讨论着电子产品 DIY、游戏，甚至是"围攻"DX……它运行到现在，一些产品帖能够有数千条客户回复，这样的客户黏性，令许多外贸 B2C 公司羡慕不已。

问题：

（1）什么是 SNS 营销？

（2）DealeXtreme 的 SNS 营销有什么优势？

（3）SNS 营销方式有什么特点？

技能实操

学生实操手册工单

姓名		班级		学号	
性别		专业			
工单任务	速卖通直通车打广告				
任务内容	速卖通直通车是一种快速提升店铺流量的营销工具。请您在直通车上设置一个推广计划，添加一个商品，挖掘该商品关键词，并合理设置关键词出价。 操作步骤： 1. 打开速卖通的管理直通车创建推广计划，选择一个商品。 2. 为商品添加关键词（方法：系统推荐、关键词搜索）。 3. 通过创意使关键词的推广评分变成优。 4. 调整出价，完成推广。				
任务要求	格式要求： 1. 字体：微软雅黑。 2. 字号：正文小四。 3. 间距：单倍行距。 内容要求：图文结合、图表结合。 结果要求：依据分析得出具体结论。				

项目四

跨境电商视觉营销

学习目标

知识目标

- 掌握图片拍摄方法和注意事项
- 掌握视频拍摄方法和流程
- 了解营销海报分类和制作
- 掌握阿里巴巴国际站旺铺板块和装修方法

能力目标

- 能够为商品拍摄图片
- 能够为商品拍摄视频
- 熟知店铺装修流程和方法
- 能够根据商品或品牌的不同特性设计营销海报

素质目标

- 培养学生求实的科学态度与积极的生活态度
- 培养学生的团队意识、合作意识
- 引导学生具有审美和鉴赏能力

学习路径图

产品图片制作	产品视频制作	营销海报制作	店铺装修——以阿里巴巴国际站为例
商品图片要求 商品图片拍摄 商品图片处理与美化	产品视频的作用 拍摄前期准备 视频拍摄流程	营销海报的分类 营销海报的制作	店铺装修要点 阿里巴巴 1688 旺铺装修

任务一　产品图片制作

案例导入　某公司图片侵权案件

　　某公司在 eBay 网站注册并售卖女式双层双面印花斜纹手袋和长围巾，展示的产品图片中有一张与国际知名品牌迪奥（Dior）相似。后来，该公司收到 PayPal 支付平台的通知：PayPal 平台收到法院指令，由于该公司可能侵犯了迪奥（Dior）的知识产权，PayPal 账号必须受到限制，在得到进一步的消息之前，该公司 PayPal 账号的付款、收款、提款功能，以及部分或所有款项的使用均可能受到影响。PayPal 支付平台会冻结该公司 PayPal 账号所有资金，共计 19 万美元，所有资金不得提取和转移。一旦 PayPal 账号被冻结，如果不及时处理，账号余额将被清零，账号会被永久冻结。

　　该公司立即与专业律师联系，在律师的帮助下，找到侵权产品。原来涉嫌侵权图片对应的窄丝巾产品上面有一个 "CD" 标识，侵犯了迪奥（Dior）的商标权。最终，该公司聘请当地律师与迪奥（Dior）代理律师事务所联系协商，最终达成和解。

案｜例｜思｜考

我们能从案例中吸取什么教训？

任务描述

　　产品图片能给予客户第一波视觉冲击，留下第一印象，美化产品图片是提高产品点击率和成交率的重要途径之一。选用专业拍摄器械、布光以及合适的角度，加上后期美化与制作，才能呈现出精美的图片。

知识铺垫

　　"视觉营销"是通过一定的视觉表现形式形成视觉冲击力，将品牌特色和商品价值以审美最大化的方式呈现，突出品牌差异，最终实现品牌推广或商品销售目的的一种营销策略。

　　在新媒体时代，在店铺平台上抢占客户注意力是品牌开展营销推广的首要工作。精美的图片作为吸引客户的重要元素之一，其拍摄和后期制作都是至关重要的。

学习实践活动

一、商品图片要求

打开网站、搜索商品，首先映入眼帘的就是商品主图和细节图。一般商品主图会着重于商品整体效果的展示，激发客户的好奇心或引起购买欲望。在制作商品主图时，有以下几点需要注意：

（1）主体大小适中，居中展示　商品主图不宜过大或过小，产品图片完整。图 4-1a 为正确示例，图 4-1b 则只展示了商品的部分细节，不宜作为商品主图。

a）　　　　　　　　　　　　　　　　b）

图 4-1　商品主图展示

（2）无杂乱背景　底色尽量使用浅色或纯色，如图 4-2a 所示；不建议使用彩色或杂乱背景，会分散客户注意力，降低购买欲望，如图 4-2b 所示。

a）　　　　　　　　　　　　　　　　b）

图 4-2　商品主图背景对比

（3）店铺和品牌的 Logo，根据跨境电商平台的不同，要求也不尽相同　如阿里巴巴国际站和全球速卖通，Logo 可以放在商品的左上角，以不挡住商品为基本要求；亚马逊则要求图片中不使用 Logo，除非商品自带 Logo。在实际中，如使用 Logo，建议一个店铺内将其放在统一的位置，有利于提升质感，加强店铺的辨识度和买家对店铺的认知度，如

图 4-3 所示。但在使用 Logo 时，要注意避免侵犯商标权或知识产权。

图 4-3　Logo 位置示意

（4）慎用水印和边框　亚马逊和阿里巴巴国际站禁止在图片上显示水印，以免影响商品的展示效果；在部分跨境电商平台中，商品允许添加商标、网站链接、产品名称作为水印，但是必须符合以下要求：①水印不能过于突出，避免影响客户的购物体验。②商家注意自身的商品图片版权，不要盗用其他商家的图片或者违反第三方版权，否则不仅会影响商品的销售，还可能面临法律诉讼。

在移动端的搜索页和产品 List 结果页，加上边框会让商品看起来不美观，对引流产生负面影响。商品主图边框对比如图 4-4 所示。图 4-4b 的边框破坏了商品主图整体和谐感，无边框图使客户更能专注于商品本身（见图 4-4a）。

a）　　　　　　　　　　b）

图 4-4　商品主图边框对比

（5）不同平台对于图片显示商品信息的要求不同　亚马逊主图上不允许出现任何打折信息、数量信息及物流信息等文字；阿里巴巴国际站要求主图上不能出现联系方式、物流信息等任何商业信息。

除主图以外，商品的其他图片可侧重展示商品的具体信息，如商品的多角度展示及商品细节、认证、卖点等。商品其他图片应与主图保持统一的风格和配色，否则会使橱窗商品缺少统一性和系列性。商品的图片上尽量不要加文字、水印，否则会影响图片的美观。

二、商品图片拍摄

1. 准备拍摄工具

拍摄图片之前，需根据预算选择合适的拍摄场景和拍摄工具。常用的拍摄工具有手机和相机、灯具、反光伞、柔光伞、反光板、灯架、背景纸等。

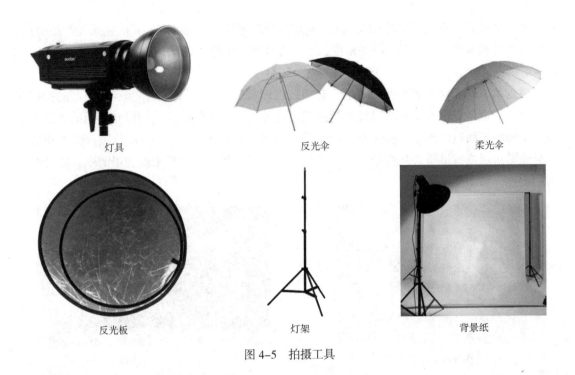

灯具　　　　反光伞　　　　柔光伞

反光板　　　　灯架　　　　背景纸

图 4-5　拍摄工具

小资料　**手机与单反相机**

　　手机的拍摄界面主要分为取景、设置和拍摄三个区域，不同品牌的手机拍摄界面大同小异。一般情况下手机会默认设置为全自动挡，这样拍摄时只要找到好的角度，调整画面构图即可。

　　单反相机的全称为单镜头反光式取景照相机，即用单镜头并且光线通过此镜头照射到反光镜上，通过反光取景的相机。单反相机有着非常复杂的系统。

　　手机和单反相机可以直接用肉眼实时地看到被拍摄的场景，单反相机可以根据拍摄场景的变化换成最适合当时环境的镜头但手机只能固定使用一个镜头，很难达到单反相机的拍摄效果。镜头是单反相机十分重要的一个组成部件，它的好坏直接影响拍摄成像的质量。同时镜头也是划分相机种类和档次的标准，根据镜头可以把相机划分为专业相机、准专业相机和普通相机。

　　2. 布光

　　光可以分为硬光和软光。硬光适用于一些拥有独特个性和气质、偏男性或者中性的产品的拍摄，如男装、食品、电器、3C产品等。柔光适合那些让人感觉温柔、有安全感的产品的拍摄，如母婴产品、家纺产品、甜美风格的女装等。

　　在一个拍摄场景当中，起主要作用的光源称为主光，其他若干个辅助补光的光源称为辅光。在拍摄过程中，布光的原则是叠加，也就是把各种光源叠加起来构成复杂的灯光系统。布光首先从单灯开始，布置好主要光源的位置和大小，然后再根据产品的特性和拍摄要求增加辅助光源。

　　在拍摄珠宝产品时，主要表现珠宝的光泽。布光时可以在影棚灯光照射不到的地方放置一张白纸或者一面镜子来增加反光面，使珠宝看起来更加晶莹剔透。其他金属类产品类似，影棚灯配合相应形状的附件，调整角度，使产品出现漂亮的光斑，体现产品的质感，如图 4-6 所示。

像皮革、麻布这类表面凹凸不平、有细致纹理的产品，如果拍摄不当，会把产品拍摄得很平滑，消费者完全看不到产品应有的质感。这种效果产生的原因是拍摄时使用的光线太柔和，柔和的光线过滤掉了一些阴影，产品看起来自然就会变得很平。这时候就需要把摄影附件换成雷达罩或标准罩，从而把影棚灯光变"硬"，产品纹理看起来就会很清晰，提升产品图的质感，如图 4-7 所示。

图 4-6　珠宝光泽

图 4-7　布料纹理

3. 构图

服装展示一般都会用到模特。常用的角度有模特的正面、正面偏侧面 45°、侧面、背面，需要展示的细节包括领口、袖口、口袋、帽子、扎线、特殊设计等，如图 4-8 所示。

日常产品是指各种日用品、装饰、模型等不需要操作就可以了解如何使用的产品。常用的角度有正面、正面偏侧面 45°、侧面、背面，即常说的四视图，部分产品还需要展示顶面。此外，产品的花纹、样式、结构等影响产品外形的部分也应该得到展示，如图 4-9 所示。

功能类产品一般是指必须通过操作才能展示其用途和功效的产品，比如速食食品、调料、工具等。这类产品除了要展示清楚外形之外，还需要向买家展示产品的使用方法，所以除了四视图和产品结构图外，还需要展示产品的使用方法和使用后的效果，如图 4-10 所示。

图 4-8　服装模特图展示

图 4-9　日常产品图展示

图 4-10　功能类产品图展示

取景的类型可以分为远景、全景、中景、近景和特写。

远景具有深远、宽阔的视野。通常用来展示事件发生的时间、环境、规模和气氛等，主要表现地理环境、自然风貌和开阔的场景或场面。远景画面还可分为大远景和远景两类，大远景主要用来表现辽阔、深远的背景和渺茫宏大的自然景观，如图 4-11 所示。

全景可以给人们带来全新的真实现场感和交互式的感受，一般表现人物全身形象或某一具体场景全貌。拍摄全景时需要注意的是空间深度的表达，以及主体轮廓线条、形状的特征化反映，而且需要着重于环境的渲染和烘托，如图 4-12 所示。

图 4-11　大远景

图 4-12　全景

中景是主体大部分出现的画面，可以加深画面的纵深感，能够表现出一定的环境和气氛。中景的分切一定程度上破坏了该物体完整的形态和力的分布，但是内部结构线则相对清晰，如图 4-13 所示。

近景常用于突出表现物体的某个细节，或表现人物面部神态和情绪、刻画人物性格。近景拍摄将内容更加集中到主体，可以充分表现人物或物体富有意义的局部。因此，近景是将人物或被摄主体推向观众的一种景别，如图 4-14 所示。

特写是一种局部刻画人物或事物的景别处理方法。一般常用于表现或局部放大物体的某个细节点，表现人物的面部、一个局部的镜头。特写的画面虽然比较单一，但可以起到放大形象、强化内容、突出细节等作用，会给人们带来一种预期和探索用意的感觉，如图 4-15 所示。

图 4-13　中景

图 4-14　近景

图 4-15　特写

三、商品图片处理与美化

商品图片拍摄完成以后，大多都需要经过美化处理。最常用的图片处理和美化软件就是 Photoshop，简称 "PS"，是由 Adobe Systems 公司开发和发行的图像处理软件。

Photoshop 主要处理以像素构成的数字图像，使用编修与绘图工具，可以有效地进行图片编辑工作。Photoshop 的功能涉及图像、图形、文字、视频等各方面。

任务二　产品视频制作

案例导入　M 公司的成功之路

M 公司主营母婴用品、儿童饰品及玩具，业务开展可追溯到 2015 年。2019 年年初，公司正式拓展了自己的跨境电商业务，将我国物美价廉的儿童服饰及用品向以越南、印度尼西亚、新加坡为主的东南亚国家及地区销售。

M 公司的采购和囤货量不多，早期的发展主要是一件代发，即产品出单后，再向厂家订货，并发往货代集中打包处，进行订单的整合，再由货代公司帮忙转运至平台国际仓，避免因囤货带来的库存积压。由于运作的是无货源铺货模式，在上架之初也不能确定产品是否好卖，为了节省开支，产品图片大多由厂家拍摄，很多细节展示不足。随着互联网技术的升级，客户对产品展示的要求除了追求信息量，还希望具备趣味性与交互性，这样才能有点击率和浏览量。客户需求的升级，使得视频成为产品展示的必备素材。

后期，M 公司聘请了专业美工团队拍摄图片和视频，在产品展示上做了改善。经过试验比较发现，有小视频的产品好评率可以达到 90% 以上，带图评论率较高，引流效果较为理想。M 公司作为小型创新型企业，至今已打造多个精品网店，为未来的发展奠定了坚实的基础。

案 | 例 | 思 | 考

1. 为什么视频优化能提高转化率和产品销售额？
2. 发布视频有哪些需要注意之处？

▼ 任务描述

为了提升产品给客户带来的视觉冲击，增加点击率和购买率，近年来，商家除了提供精美的图片全面展示产品信息以外，越来越多地加入了产品视频。通过观看视频，客户可以更加直观地了解产品的外观、性能及使用方法，

▼ 知识铺垫

视频凭借丰富的内容、生动的表现技巧、灵活的社交属性有效提升产品的流量。具备良好的视频拍摄和制作技巧能够提升视频质量，更加准确、高效地将产品信息和品牌理念传达

给客户，加强客户对产品的认同感，提升购买欲望。

学习实践活动

一、产品视频的作用

产品视频可以帮助卖家全方位地宣传产品，它代替了传统的图文表达形式，虽然视频时长只有短短的十几秒或几十秒，却能让客户非常直观地了解产品的基本信息和设计亮点，多感官体验产品，从而节省客户咨询客服的时间，有助于让客户快速下单。视频能增强客户的视听刺激、激发购买欲，多方位、多角度地展示产品细节，提高店铺产品转化率等。

二、拍摄前期准备

（一）团队和道具

在拍摄视频的前期，要明确产品受众的特点，如年龄、职业、地区等，选定视频主题，策划视频脚本，并根据投入资金、拍摄计划等实际情况组建制作团队，准备拍摄器材，熟悉剪辑软件等。

产品拍摄的制作团队一般由编导、摄像师、剪辑师、运营师等组成。运营师负责收集用户反馈、掌握各种渠道的推广动向、分析单渠道播放量和评论数等，为视频拍摄提供导向型意见。

对于一些低成本创业的小商家而言，没有足够的资金投入到专业的拍摄器材上，也可选用像素较高的手机来满足产品拍摄的需要。另外，在拍摄时，为了防止手部抖动而影响拍摄效果，通常使用稳定设备增加画面稳定性，如三脚架、滑轨、手持稳定器等。

除此之外，合适的拍摄场景也很重要。可以根据布光、想要表现的产品特性和质感等因素选择室内或室外场景进行拍摄。

（二）拍摄内容策划

产品视频一般包括主图视频、详情页视频、评论视频和内容视频。在拍摄视频前，首先要明确视频创作的方向，明确创作目的，这样才能更顺利地创作出优质的作品。视频的用途不同，拍摄内容和展示形式也会有所不同。

（1）教程类视频　针对某些场景给予具体的解决方案，从而引出产品，重点引导用户去实践、体验。

（2）售后类视频　通常针对一些共性问题进行解答，提出解答方案，集中解决用户的问题，提高用户的满意度。

（3）心得类视频　一般包括使用产品后的深入分析和比较、更多数据支持的专业测评、更多数量和使用特征的盘点，用于找出产品差异，赢得消费者的认可。

但是在购物网站的视频种类中，单纯的产品功能和特点的介绍更多。视频拍摄时应注意以下几点：

1）视频字幕清晰可见，画面规范美观。

2）画面无马赛克、变形拉伸压缩模糊状，无跳帧掉帧、黑屏花屏卡屏等现象。

3）不插入与视频内容无关的二维码、网址等商业信息，不口播引导用户关注社交媒体账号等。

4）视频声画一致，视频声音清晰，无杂声、噪声等。

三、视频拍摄流程

（一）布置拍摄环境

在布置拍摄环境时，要根据产品属性特点等因素设计拍摄画面，因此布置拍摄环境至关重要。在拍摄视频时，要注意画面构图，一般遵循以下几点构图原则：

1）画面构图的主要目的是突出主体，因此在拍摄时一定要将主体放在醒目的位置上。

2）再好的产品也需要衬托，在拍摄时可以更改背景和添加装饰物品，突出主体产品。但应切记主次分明，不要让装饰物品抢了主体产品的风头。

3）拍摄画面中的物品不是随便摆放就能达到美观的视觉效果的，需要让主体和装饰物品在画面中合理分布，也就是画面的合理布局。

4）将拍摄主体放在合适的场景中，不仅能够突出主体，还可以给画面增加浓重的现场感，显得更加真实可信。

5）在拍摄产品视频时，要敢于舍弃一些不必要的装饰，这样才能突出表现主体产品。如果遇到比较杂乱的背景，可以采用放大光圈的办法，模糊背景，从而达到突出主体产品的目的，使画面更加简洁。

小资料 构图的基本要素

线条：线条一般是指视频画面所表现出的明暗分界线和物体之间的连接线，如地平线、道路的轨迹、排成一行的树木的连线等。

色彩：作为影像画面的重要构成元素之一，色彩在产品拍摄构图中也有着举足轻重的地位和作用。通过对产品拍摄色彩的设计、提炼、选择与搭配，能够使产品视频拥有良好的艺术效果，让人记忆深刻。

光线：光线是影响视频画面构图的基础和灵魂。在选择与处理光线时，应充分考虑表现空间、方位等变化对画面光影结构的影响。

影调：影调是指画面中的影像所表现出来的明暗层次和明暗关系，它是处理画面造型、构图，以及烘托气氛、表达情感、反映创作者创作意图的重要手段。

（二）手机视频拍摄

专业的摄像机价格昂贵，如果对像素的要求并不高，也可以使用手机拍摄，拍摄效果一般也可以满足日常需要。使用手机拍摄时要注意画面稳定、构图合理、善于用光，可以多角度拍摄，用镜头衔接转场，提高收音质量。

1. 使用苹果手机拍摄视频

打开手机相机，设置自动曝光或者自动对焦锁定，开始录制视频。在录制时，选用慢动作拍摄，锁定曝光和对焦，点击"编辑"按钮，调整慢动作范围修剪视频时，调节视频质量和锐度，接着应用滤镜效果，裁剪视频画面，保存视频。

2. 使用安卓手机拍摄视频

打开相机后选择"录像"模式，设置"自动对焦和曝光"，关闭美颜，点击"分辨率"选项，将分辨率设置为1080P，然后开始录制视频。选择滤镜，也可以直接选用大光圈模式，调整到合适光圈大小再进行录制。

3. 其他视频拍摄 App

除了使用手机相机自带的录像功能拍摄视频外，还可以使用功能强大的视频拍摄 App 拍摄与编辑极具创意的视频作品。常用的视频拍摄 App 有抖音、快手、美拍、微视、秒拍等，这些软件较手机自带的视频拍摄功能更为强大，也更具创意。我们可以使用这些软件中的剪辑、道具、美化、音量调节、画面控制、清晰度调节、配音等功能，使视频的呈现更加符合预期。

综上所述，掌握跨境电商产品视频拍摄的技巧，制作出高质量的产品视频，不仅能迅速吸引消费者眼球，增加其在店铺商品页面的停留时间，还能在最短的时间内全方位展示商品的特性和使用方法，消除买家对商品的疑虑，增强买家的购买欲望和信任程度，给买家带来良好的购物体验，进而提高点击率和转化率，增加产品的销量。

任务三 营销海报制作

案例导入 T 公司品牌耳机跨境平台活动宣传

T公司成立于2014年，是一家借助跨境电商平台出口销售电子产品的外贸企业，于2016年正式进入日本电商市场，通过亚马逊、日本乐天等日本主流的跨境电商平台进行耳机产品的销售。T公司入驻日本市场较早，依托着自身产品的品质优势和平台流量红利快速地打开了市场。近年来，T公司耳机产品在日本市场的销售额增长开始放缓，在日本市场的市场份额逐渐降低，T公司在日本市场面临产品形象老化、促销宣传效果不佳等的营销困境。

为了提高店铺曝光度，促进 T 公司耳机店铺的形象，提高单品销量，增加店铺营业额，T 公司积极参加平台内的各项活动。不同的电商平台都有各自的大型促销活动，比如亚马逊每年的会员日和网络星期一的大型平台促销活动，日本乐天的SuperSale、购物节马拉松等，平台都会加大力度进行宣传，T 公司可以选择新品或者有潜力的爆款来作为活动的主推款，搭配营销海报来提高商品的转化率。

转化率是一个衡量活动推广效果的重要指标。产品活动的主题营销海报应该做得更优秀，才能产生更高的转化率。T 公司在活动报名审核通过之后就开始对一些款式的耳机进行拍摄，增加耳机的拍摄角度和细节。在页面制作 gif 动态滚动图片，以展示耳机的质感和科技感。同时，在海报上对活动的关键信息加以说明，在取得宣传效果的同时，也起到了缓解客服工作压力的作用。

案例思考

从以上案例可以看出营销海报可以起到什么作用？

任务描述

营销海报是网店推送营销信息的重要途径，熟练地制作营销海报是新媒体运营人员的必备技能。突出产品卖点、注入情感的文案、富有创意的图文设计，可以增强海报的营销效果，刺激消费者的购买欲望，提高转化率。

知识铺垫

店铺营销海报是店铺用来吸引消费者、推广商品、提高转化率的一种形式，其营销目的多样，可以是产品宣传、公司介绍、活动推广等。商家根据营销海报的作用，将其设定在不同的位置，如店铺首页、平台广告位、滚动条等。

学习实践活动

一、营销海报的分类

营销海报一般位于店铺最醒目的位置，视觉层级相对明显。作为视重区的首焦图，相当于线下门店的门面或招牌，往往能给客户留下比较深刻的印象。内容上，要有明确的主题诉求，语句简明扼要；形式上，利用颜色、海报设计等元素结合对比、构图等手法来创造视觉冲击力。按照海报内容的不同，通常可以将海报分为以下三种：

1. 公司宣传海报

这种海报一般位于店铺首页的滚动条位置，如图 4-16 所示。作为一种视觉传达艺术，通过图文结合的方式将公司予以形象化的表现。成功的公司宣传海报，既能对公司的业务领域、公司文化进行立体形象化的宣传，又能彰显公司产品的定位和理念，激发潜在消费者的购买欲望。Day-Key 的公司宣传海报如图 4-17 所示，虽然只有短短数字，却将主营产品类型、产品功能和公司理念表现得淋漓尽致。

图 4-16　公司宣传海报　　　　　　图 4-17　Day-Key 的公司宣传海报

2. 产品宣传海报

这种海报一般位于店铺首页的滚动条位置。当品牌力推新品时，通常会制作产品宣传海报放在网店首页吸引客户，这也是品牌新品的初次试水，通过转化率可以得知新品的受欢迎程度，判断是否成功。还有一些品牌会将主打商品放在店铺首页滚动条位置，这类品牌的特征通常是系列产品的知名度大于品牌本身。将畅销系列的产品制作成宣传海报，可以迅速提高客户对品牌的认知度，也可以帮助畅销系列产品的销量持续增长。产品宣传海报示例如图 4-18 所示。

3. 活动海报

这种海报一般位于滚动条、店铺首页、平台广告位等位置，如图 4-19 所示。活动海报通常用于特殊节日、新品推出大促期间、品牌纪念日回馈等时间段，通常要将活动时间、活动范围、参与方式等内容都呈现在海报上。活动海报除了能聚集忠实消费者，也能以优惠的价格吸引一批潜在客户试水，尤其是在黑色星期五等平台大促期间，商家们都在想方设法吸引客户的目光，提升成交量，制作出让人印象深刻或眼前一亮的宣传海报就显得尤为重要。

图 4-18 产品宣传海报示例

图 4-19 活动海报示例

二、营销海报的制作

随着目前消费者对于营销海报的要求越来越高，在制作营销海报时既要注重插入相关信息，又要不失创意和美感，给消费者形成视觉刺激。图片、文字、色彩是营销海报最为重要的设计要素，它们共同构成了营销海报的视觉体系。

1. 图片元素

图形作为一种视觉语言，在整体设计中占有主导地位，它的直观性、意识性决定了它具有其他元素无法代替的作用。营销海报从某种意义上来讲也是图形设计，图形的合理编排与应用可以直接体现人们对渴望视觉效果的追求，通过运用图形来刺激受众的视觉感，可以让受众更直接地感受设计的意义和宗旨。图形设计示例如图 4-20 所示。

a）

b）

图 4-20 图形设计示例

在图片元素的选取方面，一般使用夸张、比喻、拟人等设计方法，展示视觉上的独特魅力。另外，增加图片的创意元素，更能够赋予消费者耳目一新的感觉，通过传达创新理念，可以让观赏者接收到创作者的设计思想，带来更加好的宣传效果。

2. 文字元素

在营销海报的设计中，文字字体的不同给受众带来的视觉感受也不同。例如，采用扁字体，受众会有左右流动感；采用长字体，受众会有上下流动感；采用斜字体，受众则会有向前或向后流动的感觉。产品海报中图案和文字相辅相成。文字排版是产品海报设计创作的关键因素，文字排列、排版的好与坏，会对产品海报的视觉传达效果产生直接影响。所以，产品海报中的文字排版可以强化产品信息的视觉传达效果，保证产品的诉求能够充分表达。某汽车的营销海报如图 4-21 所示，该店主营电动汽车销售，营销海报中的字体和颜色设计体现出科技感和速度感，符合电动汽车的特点和形象。

在进行海报设计时，有以下几点需要注意：首先，海报上尽量不要呈现过多文字，文字语句信息要简明扼要、突出重点；其次，文字不能脱离图片，要与图片相辅相成；最后，有部分文字既能象征品牌，又能给人留下深刻印象，要尽量在海报上凸显，如知名度较广的品牌 Logo 等。麦当劳的营销海报如图 4-22 所示，在麦当劳的宣传海报中，字母"M"既是麦当劳的标志，又是产品的一部分，在营销海报上使用该字母，可以提升人们对麦当劳品牌的认识，也可以在消费者心中留下深刻印象。

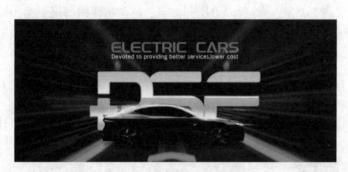

图 4-21　某汽车的营销海报

图 4-22　麦当劳的营销海报

3. 色彩元素

色彩元素也是营销海报中重要的组成元素，设计者通常利用一些和谐的色彩，绘制具有创意的宣传海报，从而满足消费者的购买需求。在选择色彩时，应尽量选用能凸显产品特色和卖点的色彩。

一般情况下，大多数饮料品牌会在不同季节使用不同色系来进行海报宣传。如夏季希望消费者通过饮用饮料达到解暑降温的功效，一般会选用明亮的绿色、蓝色来作为主体颜色。对于保健类产品来讲，通常也是以绿色为主，给人生机勃勃、有活力、健康的印象。通常情况下，红色代表热情，紫色可以营造神秘感等。另外，选择色系时还应考虑商品销售地区的文化差异。

通过对图片、色彩和文字进行搭配调节，可以不断优化营销海报，更好地传达商品的营销理念，对商品和品牌进行更有效的宣传。

任务四 店铺装修——以阿里巴国际站为例

案例导入 L店阿里巴巴国际站品牌风格塑造

L店成立于2011年，该品牌以买手制加原创设计模式运作，讲求服装的个性化及品质。随着跨境电商的兴起，L店也将销售领域扩大到了海外。L店的目标客户是25～35岁的都市职场女性，属于时尚型消费者。店铺装修风格同样都传达出了消费者的审美取向，且以品牌核心元素符号为基础，组成了基本的视觉传达体系。L店的品牌核心元素符号即品牌Logo——以纯白色为底色，加上黑色飘逸的字体"Lamps"，没有其他多余的装饰，如图4-23所示。

图4-23 L店品牌Logo

由于消费者只能通过视觉、听觉来感受网络店铺，所以网店的装修显得尤为重要。阿里巴巴国际站根据卖家会员等级不同给卖家提供不同数量的橱窗展示位，会员等级越高，所赠的橱窗展示位越多。据阿里巴巴国际站官方统计，橱窗产品的曝光率是普通产品的八倍左右。卖家将所发布的产品设置为橱窗产品后，这些橱窗产品将在买家产品搜索结果页中优先显示，同时这些产品也将在阿里巴巴国际站网站首页的推广专区中重点展示，即当买家进入阿里巴巴国际站网站后最先看到的产品是橱窗产品。

L店的店面装修以目标消费群的审美取向为基准，和包装相呼应，以白色为背景、黑色为点缀，店内所有页面的布局都十分简洁明了，迎合了目标群体简洁、清爽的审美取向，能够与服装本身所适应的场合相呼应。拍摄多运用闪光灯，以达到强调主体的效果。图片的对比度和饱和度较低，且色彩以黑白灰为主色调。商品展示视频以表现身着服装的生活场景为主，同时配以轻松欢快的音乐，以呼应都市女性闲适、优雅的生活状态。

案|例|思|考

从以上案例可以得到什么启示？

▼ 任务描述

网店想要运营成功，必须在为客户提供质量可靠的商品的同时，还要呈现给客户不一样的视觉体验，这样才能够有效吸引客户的注意力、提高客户的好感度，从而实现交易的目的。在店铺装修的过程中，要关注店铺装修的整体效果，从不同的角度为买家营造一个良好的购物环境，提高其购物体验，促成更多的成交。

▼ 知识铺垫

网店装修作为达成交易的重要组成部分，直接影响店铺的成交率。网店装修不仅要考虑网店的美观程度和客户的购物体验，更需要在网店装修中考虑商品的分类陈设，便于顾客更方便地找到需要的产品。店铺装修风格设计需要和企业整体风格相符，尽可能不要出现比较杂乱的排版、不一样的模特等，从而防止呈现出不良的视觉效果。

学习实践活动

一、店铺装修要点

1. 统一店内装修风格

店铺的装修风格将直接显露店铺的特色、层次与专业程度。店铺各模块装修风格相统一，合理布局各个模块，提升视觉效果。

2. 明确产品分类和导航

明确产品的分类和导航可以有效提升客户的购物体验。在导航模块中，需要对各个分类、主推模块及促销活动等相关的栏目进行设置。分类模块可以根据产品的实际类型、价格、上架时间等进行分类。

3. 突出促销信息

在促销海报中，通过字体大小、颜色、设计等形式将信息的主次关系体现出来，帮助客户尽快获得有效信息。

4. 注重链接的输入页面

在首页展示的店内促销产品或是某一爆款产品，只要成功地引起客户的兴趣，他们就会点击该海报或图片试图浏览详情页。因此，提供正确的链接输入页面，才能第一时间抓住客户的心。

二、阿里巴巴国际站旺铺装修

（一）首页整体规划

美国著名网站设计师杰柯柏·尼尔森（Jakob Nielsen）在其报告《眼球轨迹的研究》中指出，大多数浏览者会以"F"形状的模式阅读网页，如图4-24所示。这种基本恒定的阅读习惯决定了网页呈现"F"形的关注热度。

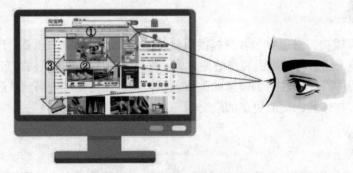

图4-24 "F"形状阅读网页

浏览者目光首先触及的部分相当于旺铺中的店招板块。接着，浏览者会将目光向下移，扫描屏幕中央的区域。因此，可以在导航板块下方放置 Banner 或者是产品推荐板块，尤其是新发产品、主推产品等。浏览者完成以上两步后，会将目光沿网页左侧垂直扫描，这一步的浏览速度较慢，也较有系统性、条理性。旺铺中适宜放置产品类目或者是比较有规律的板块，帮助浏览者快速抓住产品的大类目，在脑海中快速进行导航分类。

图片是最直观的表现形式，放置大图，买家会对清晰展示出详细资料和信息的图片更感兴趣。但大图太多会占据较多空间，从而影响买家对其他页面内容的吸收，所以需要使用图文结合的形式展示。如果涉及规律性较强的内容或数字，可以选择用表格的形式进行罗列。

（二）页面布局组成及设置

1. Home 首页

Home 首页即旺铺的首页，首页最上方为店招和导航板块，均为固定板块，位置无法自由调整，单击后台装修页面可以进行背景和信息编辑。由于首页为客户进入店铺后看到的第一页面，决定了客户对店铺产品的第一印象，所以在 Home 板块主要放置 Banner、营销和推荐产品板块等，如图 4-25 所示。

图 4-25　Home 首页示例

2. Product Categories 产品类目

Product Categories 页面中的板块较少，除了通用的页面背景板块外，只可以添加一个 Iframe 板块，且该板块不支持编辑。Iframe 板块左侧展示产品分组，该分组排序跟后台"管理产品"中产品的分组顺序保持同步；右侧展示卖家的信用保障产品和在线批发产品，如图 4-26 所示。

图 4-26　Product Categories 页面示例

3. Company Profile 公司简介

Company Profile 页面主要包含供应商公司的基本信息、外贸出口能力、合作工厂信息和相关证书，与后台"管理公司信息"中内容同步。同产品类目板块规则一致，只可以添加 Iframe 板块且不可编辑，如果需要修改相关的信息，需要在后台"管理公司信息"中进行修改，如果是已经认证过的信息，则需要及时联系客户经理，如图 4-27 所示。

图 4-27　Company Profile 页面示例

4. Contacts 联系人信息

Contacts 页面包含公司默认联系人信息、公司信息和询盘直通车板块，这三个板块均不支持编辑，如果要对信息进行调整，需要在 My Alibaba 后台对应板块进行修改。

5. Custom Page 自定义页面

仅自定义页面（Custom Page）的名称可选择修改，其他页面的名称为系统固定。页面名称的命名及修改会同步到旺铺前台展示，版本名称的命名及修改不影响前台展示，仅作用户区分版本之用。自定义页面编辑并发布后，需要到首页的"编辑器"→"店招"中选择添加页面，保存发布后，该页面在前台的展示才可生效。单击"新增"按钮可新增一个待展示的页面，目前阿里巴巴国际站只支持在旺铺添加两个自定义页面，如图 4-28 所示。

图 4-28　Custom Page 自定义页面示例

（三）旺铺装修

步骤 1：登录阿里巴巴国际站后台，单击中间页面"管理全球旺铺"，或者单击"店铺管理"→"管理全球旺铺"进入旺铺装修页面，如图 4-29 所示。

图 4-29　店铺管理页面

步骤 2：自动进入旺铺装修界面，单击左侧的"页面背景"，选择右侧"页面背景色"，除了背景图以外的空白背景均为页面背景色，用选色器来设置任意背景颜色，如图 4-30 所示。

a）　　　　　　　　　　　　　　b）

图 4-30　更换旺铺背景颜色

步骤 3：单击"背景图片"可自定义上传背景图片。背景图片建议使用尺寸在 2000×3000 像素以内（最佳宽度为 1920 像素）JPG、PNG 格式图片，2MB 以内。

步骤 4：单击添加已制作好的背景图片，双击选定的背景图片，单击"保存并关闭"。背景图片添加完成后，需要预览检查一下呈现效果，单击"预览"，选择"PC"，即可预览上传好的背景。确定无误后，单击"发布"按钮，完成背景图片的上传。

步骤 5：制作店铺招牌前，首先要明确它的位置。店招板块位于页面的最上方。店招是展示旺铺形象的一个重要板块，买家进入旺铺首先看到的就是店招，从而对旺铺产生一个大致的定位。根据招牌底图的上传要求，尺寸定为 1200×280 像素。在阿里巴巴国际站后台页面装修区域单击"店铺招牌"板块，右侧会出现编辑区，如图 4-31 所示。

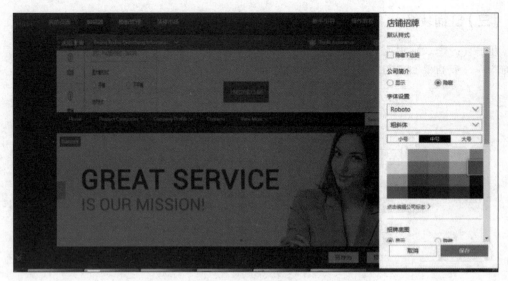

图 4-31　店铺招牌编辑区

单击"招牌底图"下方的编辑区域上传招牌底图。选择已制作保存好的图片,单击"Save and Close"后单击右下方"保存"按钮。

步骤 6:编辑 Banner。Banner 是网站页面的横幅广告,是用来表现商家广告内容的图片。成功的 Banner 主题明确,没有过多的干扰元素,让用户一眼就能识别广告含义。买家可在旺铺后台页面编辑 Banner 海报。

单击 Banner 区域,出现编辑区,选中设计好的 Banner 图片进行上传,单击"保存并关闭"。

步骤 7:在产品推荐模块,单击页面,编辑页面左侧任务栏中的"产品推荐",该板块有多种产品推荐模块和方式,可以选择其中一种,如"重点推荐"。鼠标停留在"重点推荐"模块,按住拖拽到右侧画面中的适当位置即可。

单击添加好的"产品推荐"模块,右侧会出现编辑区。"产品推荐"方式选择"手动选择",单击"选择产品",出现选择产品的界面,即可选择想要推荐的产品,选择好要推荐的产品后,单击"确认"→"保存",如图 4-32 所示。"产品推荐"模块设置完成后,单击保存,可进行预览。

图 4-32　"产品推荐"模块设置

步骤 8：设置自定义模块。自定义模块提供 HTML 编辑、文字录入、上传图片等功能。目前比较热门的自定义运用有展示公司宣传图、多个旺旺联系人、多语言旺铺页面等。每个旺铺可以添加 15 个自定义模块，同一个自定义模块的字符数不超过 30000 个。自定义模块在窄栏、宽栏和通栏下均可以添加，在编辑器的左侧任务栏中选择"营销"，添加"自定义内容区"至展示区即可完成模块的添加，如图 4-33 所示。在阿里巴巴国际站，可以在发布产品的页面给图片添加水印功能。详情页中上传的图片均保存在图片银行中，删除图片银行中的图片会导致该图片无法显示。

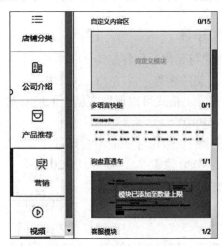

图 4-33　设置自定义模块

单击"设置自定义内容"，上传已经设计好的自定义模块图片或者自定义信息。以添加图片为例，单击图片标识，上传符合系统规定的图片。添加信息成功之后，单击保存预览。

成功的店铺装修可以让客户直接体会到商家的品位和气质，凸显卖点热点，提高店铺转化率。在店铺装修前先明确产品的范围、目标人群的定位。管理全球旺铺，需要了解产品的价格范围以及客户的需求范围，在英文站发布的任何一个产品，应该标注明确的价格区间，且最高值不能与最低值相差悬殊。买家在阿里巴巴国际站前台页面浏览产品的时候，容易被比较美观的图片吸引，所以供应商需要重视图片、视频和排版给客户带来的视觉感受。

巩固提高

一、单项选择题

1. 以下哪一项不是制作商品主图的注意点（　　）。

　　A. 主体大小适中

　　B. Logo 越大，越能吸引客户的注意，给客户留下深刻印象

　　C. 慎用边框和水印

　　D. 背景干净，尽量选用纯色

2. 主图一般着重于展示（　　）。

    A. 商品细节   B. 商品材质   C. 商品价格   D. 商品整体效果

3. 有独特气质、偏男性或中性单位产品拍摄更适合使用（　　）。

    A. 近光   B. 远光   C. 硬光   D. 软光

4. 下列哪一项不属于功能性产品（　　）。

    A. 服装   B. 速食食品   C. 调料   D. 菜刀

5. 主体大部分出现的画面，可以加深画面的纵深感，能够表现出一定环境和氛围的取景类型是（　　）。

    A. 特写   B. 中景   C. 远景   D. 全景

6. 最常用的商品图片处理与美化的软件是（　　）。

    A. Photoshop   B. 美图秀秀   C. GIMP   D. Office

7. 在 Photoshop 中，（　　）格式可以保留文档中的所有涂层、蒙版、通道、路径等。

    A. PSB   B. PSD   C. GIF   D. JPEG

8. 在跨境电商领域，图片的长边尺寸一般不会超过（　　）。

    A. 960 像素   B. 1080 像素   C. 1920 像素   D. 1800 像素

9. 数码相机的成像质量是由（　　）决定的。

    A. 镜头质量   B. 数码相机质量

    C. 相机感光元件尺寸   D. 相机的品牌

10. 在产品拍摄中，为营造亲切自然的氛围感，我们可以采用（　　）拍摄。

    A. 俯拍角度   B. 平视角度   C. 仰视角度   D. 顶拍角度

11. （　　）是影响视频画面构图的基础和灵魂。

    A. 线条   B. 色彩   C. 光线   D. 影调

12. 海报的主要功能是（　　）。

    A. 突出企业形象   B. 信息传达

    C. 美化版面设计   D. 产生直觉记忆效果

13. 色彩联想中的抽象联想，让人想到热情、危险的颜色是（　　）。

    A. 红色   B. 黄色   C. 紫色   D. 绿色

14. 儿童用品、运动休闲、时尚产品主题，常采用（　　）字体设计风格。

    A. 稳重挺拔   B. 秀丽柔美   C. 活泼有趣   D. 苍劲古朴

15. 下面说法错误的是（　　）。

    A. 促销广告图不能形式大于内容

    B. 重要信息以第一主题的形式传递

    C. 促销广告图上可以放多重的主题信息，促销信息越多越吸引人点击

    D. 重点文字可以适当加粗，使用高对比的色调突出

16. 采用（　　）字体，广大受众会有左右流动感。

    A. 扁   B. 长   C. 斜   D. 宽

17. 通常客户在浏览页面时，目光首先触及的是（　　）。

    A. 产品推荐板块   B. 客服板块

    C. 店招板块   D. 商品导航

18. 阿里巴巴国际站中，根据招牌底图的上传要求，尺寸为（　　）。

    A．1080×360 像素　　　　　　　　　　B．1080×280 像素

    C．1200×360 像素　　　　　　　　　　D．1200×280 像素

19. 阿里巴巴国际站店铺背景图片的建议尺寸为（　　）。

    A．2000×3000 像素以内　　　　　　　B．1000×2000 像素以内

    C．1800×2000 像素以内　　　　　　　D．400×600 像素以内

20. （　　）不属于店铺首页的板块。

    A．店招　　　　　B．导航　　　　　C．商品详情页　　　　D．推荐产品板块

二、多项选择题

1. 在 Photoshop 中，图片的打开方式有（　　）。

    A．使用"文件"菜单中的"打开"命令

    B．使用快捷键"Ctrl+O"

    C．双击 Photoshop 界面的中心

    D．拖动需要处理的图片到 Photoshop 中打开

2. 取景的类型可以分为（　　）。

    A．远景　　　　　B．全景　　　　　C．中景　　　　　D．近景

3. 常用的图片拍摄工具有（　　）。

    A．手机　　　　　B．相机　　　　　C．灯具　　　　　D．背景纸

4. 在布光时，光可以分类为（　　）。

    A．硬光　　　　　B．软光　　　　　C．强光　　　　　D．弱光

5. 服装展示常用的角度有（　　）。

    A．正面　　　　　　　　　　　　　　　B．正面偏侧面 45°

    C．侧面　　　　　　　　　　　　　　　D．背面

6. 摄影中的构图，需要考虑兼顾各种元素，其本质上是（　　）的统一。

    A．物　　　　　　B．光　　　　　　C．影　　　　　　D．线

7. 在景别应用中，以下景别中（　　）可以不同程度的看到商品的细节。

    A．全景　　　　　B．中景　　　　　C．近景　　　　　D．特写

8. 商品视频一般包括（　　）。

    A．教程类视频　　B．售后类视频　　C．心得类视频　　D．数据类视频

9. 可以用来进行视频拍摄的 App 有（　　）。

    A．抖音　　　　　B．快手　　　　　C．微视　　　　　D．VSCO

10. 为了防止手部抖动而影响拍摄效果，通常选用（　　）等稳定设备。

    A．遮光罩　　　　B．三脚架　　　　C．滑轨　　　　　D．手持稳定器

11. 营销海报一般包括（　　）。

    A．公司宣传海报　　　　　　　　　　B．产品宣传海报

    C．形象推广海报　　　　　　　　　　D．活动海报

12. （　　）是营销海报最为重要的设计元素。

    A．动画元素　　　B．图片元素　　　C．文字元素　　　D．色彩元素

13. 活动海报一般位于（　　　）。

    A．滚动条　　　　B．店铺首页　　　　C．平台广告　　　　　D．Banner

14. 在进行海报设计时，需注意（　　　）。

    A．海报上不要呈现过多文字

    B．文字内容不得脱离图片

    C．既能象征品牌，又能给人留下深刻印象的文字要尽量呈现在海报上

    D．尽量使用多种字体丰富海报的视觉效果

15. 下列说法正确的是（　　　）。

    A．文字也是营销海报设计元素中的一部分

    B．文字排列、排版的好坏会对视觉效果产生影响

    C．夏季饮品的营销海报通常选用绿色、蓝色来作为主体颜色

    D．可以根据产品特点将营销海报设计成不同风格

16. 店铺装修的原因有（　　　）。

    A．让店铺变得更美　　　　　　　　B．更吸引消费者

    C．了解产品、了解商家　　　　　　D．促销活动

17. 在店铺装修中告知海外买家我们的主营商品的方法有（　　　）。

    A．Logo 和公司名中体现主营产品

    B．突出产品的主题广告

    C．店铺首页有产品推荐或者相关的供应信息

    D．店铺首页最显眼的位置展示产品

18. 店铺装修的要点有（　　　）。

    A．统一店内装修风格　　　　　　　B．明确产品分类和导航

    C．突出促销信息　　　　　　　　　D．注重链接的输入页面

19. （　　　）板块不支持编辑。

    A．自定义板块　　　　　　　　　　B．联系人信息

    C．公司信息　　　　　　　　　　　D．询盘直通车板块

20. 目前比较热门的自定义运用有（　　　）。

    A．公司宣传图　　　　　　　　　　B．多个旺旺联系人

    C．多语言旺铺页面　　　　　　　　D．招牌底图

三、判断题

1. 产品主图可以是正方形的，也可以是圆形或矩形的。　　　　　　　　（　　　）

2. 一般来说，图形传递信息的速度比文字快得多。　　　　　　　　　　（　　　）

3. 图形设计的核心是创意思维。　　　　　　　　　　　　　　　　　　（　　　）

4. 商品部分细节图也适宜作为商品的主图。　　　　　　　　　　　　　（　　　）

5. 主图背景使用风景照更容易吸引顾客的注意。　　　　　　　　　　　（　　　）

6. 商品图片应与主图保持统一的风格和配色。　　　　　　　　　　　　（　　　）

7. 硬光适用于母婴、家纺等商品。　　　　　　　　　　　　　　　　　（　　　）

8. 拍摄珠宝产品时，主要展示珠宝的外观造型。　　　　　　　　　　　（　　　）

9. Photoshop 的功能涉及图像、文字、视频等方面。　　　　　（　　）

10. 在一个拍摄场景中，起主要作用的光源称为辅光。　　　　　（　　）

11. 营销海报中过于修饰的形式会减弱传达，过多细节会对主题造成干扰。　（　　）

12. 文字编排时，曲线阅读比直线阅读速度快。　　　　　　　　（　　）

13. 字体不同给客户带来的视觉感受相同。　　　　　　　　　　（　　）

14. 品牌 Logo 要尽量呈现在营销海报上。　　　　　　　　　　（　　）

15. 绿色代表清新和健康。　　　　　　　　　　　　　　　　　（　　）

16. 为确保商品的细节展现，我们都要用特写的手法来展示，让商品细节充斥整个画面。　　　　　　　　　　　　　　　　　　　　　　　（　　）

17. 在商品拍摄时，卖家应尽可能全方位、立体式地去展现商品的各个细节，确保商品信息的完整传递。　　　　　　　　　　　　　　　　　（　　）

18. 商品在拍摄前需要精心设计场景、布局等，以期达到传达渲染的目的，不能"为拍摄商品而拍摄商品"。　　　　　　　　　　　　　　　（　　）

19. 商品拍摄前应该对商品进行合理分类，按由简到繁的原则确定基本的拍摄顺序。　　　　　　　　　　　　　　　　　　　　　　　　（　　）

20. 高画质和高像素是一个同级概念，即高像素就等于高画质。　（　　）

21. 网店设计风格要与主营风格相一致。　　　　　　　　　　　（　　）

22. 从店标的设计到主页的风格再到产品页面，不应采用同一色系。　（　　）

23. 店铺色彩不但可以提高顾客的购买欲望，同时可以提高商品的水准。　（　　）

24. 在阿里巴巴国际站，给图片添加水印的位置是产品发布功能区。　（　　）

25. 产品详情页中出现图片失效的原因是该图片在图片银行中被删除。　（　　）

26. Home 页面为固定模块，位置无法自由调整。　　　　　　　　（　　）

四、简答题

1. 请描述制作商品主图的注意点。

2. 请写出视频拍摄时的注意点。

3. 请写出营销海报的类型并作简要说明。

五、案例分析

1. 某产品主图如图 4-34 所示，该主图有什么问题？

图 4-34　某产品主图

2. K 公司设计师 Grace 开始设计产品海报，运用在产品描述页第一屏。确定页面内容后，设计师 Grace 需要对其进行页面的文案设计，以及配以产品图，做一版简单明了的竖版海报，如图 4-35 所示。

问题：

请简要写出该海报的制作过程。

图 4-35　某产品竖版海报

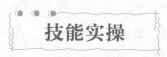

学生实操手册工单 1

姓名		班级		学号	
性别		专业			
工单任务	产品图片制作实训				
任务内容	请学生分组，各组拍摄一张商品照片用作主图，分析该照片存在的不足之处（如曝光、构图、背景、色彩、污点等）；利用图片处理软件（建议使用 Photoshop）对图片进行处理（构图优化、明亮度调整、偏色调整、污点处理、背景置换、图片精修处理、图片设计处理）；复核处理后的照片是否达到预期要求，进行分析总结。				
任务要求	格式要求： 　　1. 字体：微软雅黑。 　　2. 字号：正文小四。 　　3. 间距：单倍行距。 内容要求：图文结合、图表结合。 结果要求：依据分析得出具体结论。				

学生实操手册工单 2

姓名		班级		学号	
性别		专业			
工单任务	店铺装修分析实训				
任务内容	浏览网络购物平台，对店铺装修进行赏鉴，运用本章节所学习的内容，组成小组评述总结。				
任务要求	格式要求： 　1. 字体：微软雅黑。 　2. 字号：正文小四。 　3. 间距：单倍行距。 内容要求：图文结合、图表结合。 结果要求：依据分析得出具体结论。				

学生实操手册工单 3

姓名		班级		学号	
性别		专业			
工单任务	产品视频制作实训				
任务内容	请学生分组按照以下步骤完成产品视频制作： 　1. 产品认知。学生自选一商品，充分了解和分析商品，了解商品的外观、材质、包装、卖点、特性、注意事项等，形成产品认知文档。 　2. 拟订视频拍摄方案。明确拍摄时间、拍摄地点、拍摄场景要求、模特要求、道具要求、器材要求、工作人员数量、样本准备等，形成拍摄方案文本。 　3. 制订拍摄计划表。明晰拍摄项目、拍摄部位、拍摄要点、拍摄环境、张数要求等，完成商品拍摄计划表的撰写。 　4. 场景布置。认真研判拍摄计划表，根据拍摄计划表合理布置场景（摆台）。 　5. 布光。根据拍摄诉求进行布光设置，控制场景光源，绘制布光图。 　6. 试拍。设置相机相关参数，试拍若干，修正相机参数。灵活调整拍摄场景中的光线、布景、环境等。 　7. 完成视频拍摄。				
任务要求	格式要求： 　1. 字体：微软雅黑。 　2. 字号：正文小四。 　3. 间距：单倍行距。 内容要求：形成产品认知文档，形成拍摄方案文本，形成商品拍摄计划表。 结果要求：依据实际操作情况，完成视频制作。				

项目五

跨境电商物流概述

学习目标

知识目标

- 熟悉跨境电商的一般物流渠道及特点
- 掌握海外仓模式及运作
- 了解物流渠道的特殊限制和规定

能力目标

- 能够依据产品特点选择合适的物流渠道
- 能够分析适合运用海外仓的产品和经营战略

素质目标

- 逐步培养学生的思辨意识，以科学的方法分析和解释经济现象
- 引导学生树立良好的规则意识、法律意识和职业道德观念

学习路径图

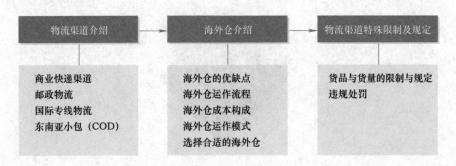

物流渠道介绍 → 海外仓介绍 → 物流渠道特殊限制及规定

商业快递渠道
邮政物流
国际专线物流
东南亚小包（COD）

海外仓的优缺点
海外仓运作流程
海外仓成本构成
海外仓运作模式
选择合适的海外仓

货品与货量的限制与规定
违规处罚

任务一　物流渠道介绍

案例导入　燕文物流打造多元化产品体系，为客户提供精细化跨境出口物流服务

　　燕文物流成立于1998年，是国内跨境出口电商综合物流服务的首批企业之一，专注于为全球跨境出口电商企业和消费者提供综合物流服务。

　　公司物流产品种类丰富，业绩呈稳步增长态势。根据招股说明书，燕文物流主营业务包括国际快递全程业务、国际快递揽收及处理业务等。其中，国际快递全程业务是公司的主要营收来源，主要包括标准类、专线类和国际商业快递三大产品线，每大类产品根据送达地区、时效、服务内容和价格等又可细分为若干类子产品，产品种类齐全，具有多样化竞争优势。

　　公司首次公开募股（IPO）后，资金主要用于智能分拣与转运、全球跨境物流大数据平台项目。截至2021年年底，燕文物流已在全国设置6个分拨中心和38个集货转运中心，业务覆盖全国17个省市，服务通达全球200多个国家和地区。

　　同时，公司与全球速卖通、亚马逊、Wish、eBay等大型跨境电商平台和电商独立站建立了长期稳定的合作关系，在国内同行业居于领先地位。

案|例|思|考

1. 什么是跨境电商物流？
2. 跨境电商物流类型有哪些？

▼ 任务描述

　　跨境物流是跨境电商业务得以顺利开展的基础保障。然而，由于不同区域市场的喜好、地理特点、物流基础情况不同，对物流的要求也不同。跨境电商的跨境物流成本一般占其销售额的20%～30%。因此，在开展跨境业务时，选择可靠的物流渠道，对运输成本的控制、货物交付能力的保证、用户体验感的提升都起着重要的作用。

知识铺垫

邮政网络基本覆盖全球，比其他任何物流渠道都要广，这得益于万国邮政联盟和卡哈拉邮政组织（KPG）。万国邮政联盟是联合国下设的一个关于国际邮政事务的专门机构，通过一些公约法规来改善国际邮政业务，发展邮政方面的国际合作。UPS、DHL、FedEx、TNT是知名的国际快递巨头，这四家快递公司在全球已经形成较为完善的物流体系，几乎覆盖了全球各个重点区域。国际专线物流一般是通过航空包舱方式将货物运输到国外，再通过合作公司进行目的地国国内的派送，是比较受欢迎的一种物流方式。

学习实践活动

一、商业快递渠道

（一）国际商业快递

1. UPS

UPS，即美国联合包裹运送服务公司，简称"联合包裹"，成立于1907年，是全球最大的快递承运商和包裹递送公司之一，也是运输、物流、资本与电子商务服务的提供者。

（1）UPS的快递服务　UPS为客户提供六种保证确定时间和确定日期送达的国际快递服务，但大部分货代公司只为跨境电子商务卖家提供UPS的四种快递业务：

1）UPS Worldwide Express Plus（全球特快加急服务，资费最高）。

2）UPS Worldwide Express（全球特快服务）。

3）UPS Worldwide Express Saver（全球速快服务，俗称"红单"）。

4）UPS Worldwide Expedited（全球快捷服务，所谓的"蓝单"服务，相比前三种，费用最低，速度也最慢）。

（2）UPS的重量和体积限制　UPS支持一票多件，总计算重量按W/M（重量吨/体积吨）进行计算，UPS体积重量计算公式为：长（cm）×宽（cm）×高（cm）/5000（cm^3/kg），不足0.5kg的按0.5kg计算，超过0.5kg的按1kg计算。每票包裹的计费重量为该票包裹中每件包裹计费重量之和（如一票货物有A、B两件，实重分别是A=15kg、B=8kg，积重分别是A=10kg、B=16kg，则计费重是15+16=31kg）。

UPS国际快递小包服务一般不递送超重超体积标准的包裹，若接收该类货件，则对每个包裹加收超重超长附加费（每个包裹最多收取一次超重超长费）。单个包裹最大限重70kg，最大长度270cm，最大尺寸为：长度+周长=330cm。

2. DHL

DHL，即中外运敦豪国际航空快递有限公司，是目前世界上最大的航空快递货运公司之一，其业务遍布全球200多个国家和地区，拥有涵盖超过120000个目的地的网络，能为客户提供寄送文件、包裹及大型货运服务。DHL还支持托盘、集装箱等类型货物的运输。

（1）DHL国际包裹寄送业务　DHL国际包裹寄送业务提供包裹保价服务，为无法递送的货件提供退件管理解决方案，也可以提供端到端的查询及派送确认服务。除了这些共同服务，不同 DHL 包裹还有各自的特点，具体见表 5-1。

表 5-1　DHL 国际包裹寄送业务类型及特点

业务类型	特　　点	适合寄送的物品
DHL 跨境电子商务包裹（DHL Packet International）	① 包裹重量 ≤ 2kg； ② 包裹各边的长度 ≤ 60cm，包裹的长 + 宽 + 高 ≤ 90cm； ③ 运输时间一般为 4～15 个工作日，其中经济包裹的运时 9～15 个工作日，标准包裹的运时 4～10 个工作日； ④ 在 70 多个国家和地区提供关键追踪节点查询服务	重量较轻、价值较低的物品
DHL 跨境电子商务可追踪包裹（DHL Packet Plus International）	① 包裹重量 ≤ 2kg； ② 包裹各边的长度 ≤ 60cm，长 + 宽 + 高 ≤ 90cm； ③ 运输时间通常为 4～10 个工作日； ④ 在超过 55 个国家和地区提供端到端的查询服务； ⑤ 关键市场可以提供星期六派送服务	重量较轻的物品
DHL 跨境电子商务专线包裹（DHL Parcel International Direct）	① 包裹重量 ≤ 20kg； ② 包裹的长 ≤ 120cm，宽和高均 ≤ 60cm；周长 ≤ 300cm； ③ 运输时间一般为 4～7 个工作日，标准包裹的运输时间为 5～7 个工作日，专线包裹的运输时间为 4～6 个工作日； ④ 可提供电子到付功能； ⑤ 可以提供地址验证功能	市场需求高、重量较重的物品

（2）DHL 国际货物运输服务　DHL 国际货物运输服务有多种货运服务模式供客户选择，可以满足客户特殊的运载要求。

1）DHL 国际空运（DHL Air Connect）。DHL 国际空运服务模式可以承运危险品和超大尺寸货物，DHL 航空优先运输（DHL Air Priority）服务模式可以承运易腐商品，DHL 包机（DHL Air Charter）服务模式可以承运超大尺寸货物、超重货物、危险货物、易腐商品和贵重商品。

2）DHL 国际海运。可以为客户提供不同类型的整箱、拼箱服务；可以为货物提供专业的温度和湿度保护；可以为非危险性液体类货物的运输提供专业的集装箱解决方案；还可以为客户提供包船服务，承运标准集装箱无法装载的超大货物。

3）DHL 公路和铁路运输。可以为客户提供欧洲与亚洲的铁路运输服务，客户可以选择整箱货服务和拼箱货服务。

（3）DHL 的资费标准　DHL 寄往大部分国家和地区的要求为：单件包裹重量 ≤ 70kg，单件包裹的最长边长度 ≤ 1.2m。若单件包裹的重量超过 21kg，则按实际千克数计费；若单件包裹的重量在 21kg 以下，资费按起重 500g、续重每 500g 为单位计费。DHL 的体积重量计算公式为：长（cm）× 宽（cm）× 高（cm）/5000（cm³/kg）。将货物的实际重量和体积进行比较，取较大者。

3. FedEx

FedEx，即美国联邦快递集团，简称联邦快递，是全球最具规模的快递运输公司，服务覆盖 200 多个国家和地区，能为客户提供隔夜快递、地面快递、重型货物运送、文件复印及物流服务。联邦快递集团通过相互竞争和协调的运营模式，提供了一套综合的商务应用解决方案。

联邦快递的常规物流服务为联邦快递优先服务和联邦快递经济服务，联邦快递优先服务时效快、价格高，联邦快递经济服务时效慢、价格低。两者具体的服务项目及特点见表 5-2 和表 5-3。

表 5-2　联邦快递优先服务项目及特点

运 输 方 式	特　　点
联邦快递国际特早快递服务	① 出口至美国、加拿大、巴西、墨西哥、波多黎各的货件最早可于上午 8:00 前准时送达； ② 出口至欧盟成员的货件可于上午 9:00 前（一般 2 个工作日内）准时送达； ③ 服务特色：能保证退款
联邦快递国际优先快递服务	① 付款方式灵活； ② 服务特色：可在联邦快递取货点提货
联邦快递国际优先快递重货服务	① 通常在 1～3 个工作日送达全球各地； ② 重量下限为 68kg，货物总重没有限制； ③ 需使用叉车搬运或绑在垫木上的单个货件，可以由寄件人决定货件的包装方式
联邦快递国际优先快递分送快递服务	① 通常在 2～4 个工作日送达全球各地； ② 包裹尺寸及重量限制：单个货件的长度 ≤ 274cm，长度和周长总和 ≤ 330cm；单个货件的重量 ≤ 68kg；货物可以包含重量 ≤ 68kg 的松散货物或货件，及超过 69kg 的大型货件或垫木包装货件； ③ 服务特色：支持同一个目的地的多个地址和收件人，送达欧洲各地的多件货物可以视为一个货件进行清关，各货件均可在线跟踪

表 5-3　联邦快递经济服务项目及特点

运 输 方 式	特　　点
联邦快递国际经济快递服务	① 通常在 2～5 个工作日送达亚洲各地；可以在 3 个工作日送达美国；可以在 3～4 个工作日送达欧洲各地； ② 包裹尺寸及重量限制：宽度 < 274cm，长度和周长总和 ≤ 330cm；重量 ≤ 68kg； ③ 服务特色：可以提供递送签收服务、代理清关服务与在线跟踪服务
联邦快递国际经济快递重货服务	① 送达时间：通常在 3～5 个工作日送达全球各地； ② 包裹尺寸及重量限制：高度超过 178cm、长度超过 302cm 或宽度超过 203cm 的货件，重量超过 997kg 的货件，需要提供垫木搬运许可；货件重量下限为 68kg，货物总重不限；长度超过 274cm 或周长超过 330cm，需要提供垫木搬运许可； ③ 服务特色：可以提供代理清关服务

4. TNT

TNT 集团（简称 TNT）是全球领先的快递邮政服务供应商，为企业和个人客户提供全方位的快递和邮政服务。其总部位于荷兰，在欧洲和亚洲拥有高效的递送网络，并且正通过在全球范围内扩大运营分布来最大幅度地优化网络效能。

对于一些需要加急派送的货品，或者需要特殊照顾的货物（如易碎品、对温度敏感的物品、价值昂贵的物品），TNT 可以为客户提供专车派送、专人派送、专机派送等定制化解决方案，为客户量身定制独一无二的全球整合性物流解决方案，确保货物能准时、安全地送达目的地。TNT 全球快递服务项目及特点和 TNT 经济快递服务项目及特点分别见表 5-4 和表 5-5。

表5-4　TNT全球快递服务项目及特点

全球快递服务项目类型	特　点
朝九快递 （9：00全球快递）	① 可确保在收件人工作日开始时即已送达，上午9点前派送； ② 覆盖全球范围40多个国家和地区的大型城市； ③ 货物重量要求≤ 210kg
朝十快递 （10：00全球快递）	① 支持上午10点前派送； ② 覆盖全球范围40多个国家和地区的大型城市； ③ 货物重量要求≤ 210kg
中午快递 （12：00全球快递）	① 支持中午12点前派送； ② 覆盖全球范围60多个国家和地区的大型商业区城； ③ 货物重量要求≤ 500kg
全球快递	① 支持下午6点前派送； ② 货物重量要求≤ 500kg

表5-5　TNT经济快递服务项目及特点

经济快递服务项目类型	特　点
经济快递	① 支持指定日下午6点前派送； ② 运往欧洲货物重量≤ 7000kg； ③ 运往其他国际和地区的货物重量≤ 1500kg
12：00经济快递	① 支持指定日中午12点之前派送； ② 覆盖欧洲国家和地区的大型商业区城； ③ 货物重量≤ 500kg

TNT除了收取基本运费外，还要收取相应的附加费，如燃油附加费、加强安全附加费和偏远地区附加费等。

（二）国内商业快递

目前，我国快递业务量已经超过美国、日本等发达经济体之和，规模连续五年稳居世界第一，占全球快递包裹市场的一半以上。作为中国经济的一匹"黑马"，快递业在稳增长、调结构、惠民生等方面扮演着日益重要的角色。

1. 圆通

圆通速递（简称圆通）股份有限公司于1992年12月22日成立，是国内大型民营快递品牌。2019年下半年以来，圆通开通多条航线，不断提高运行保障能力，不断丰富航线网络。圆通拥有10个管理区、58个转运中心、5100余个配送网点、5万余名员工，服务范围覆盖国内1200余个城市。公司开通了港澳台、中东和东南亚专线服务。

2. 顺丰

顺丰速运（简称顺丰），1993年在广东顺德成立，是目前我国速递行业中投递速度最快的快递公司之一。2018年顺丰收购了DHL公司在华的供应链业务，2019年顺丰开通深圳—金奈、无锡—重庆—哈恩—无锡等多条航线；顺丰是国内快递行业中首家拥有自有全货机的公司。

顺丰"再战"东南亚

自 2022 年 10 月 10 日起，顺丰速运国际电商专递正式开通了寄往"新马泰"的服务。凭借特惠价格，不收取燃油附加费，一票即可选择上门收件或于顺丰香港超百自营网点自寄，低价值商品还可享免税寄送。顺丰针对东南亚还推出优惠政策，例如，2022年 10 月 28 日顺丰国际宣布推出泰国流向大促销，单票 20kg 及以上新签月结客户专享泰国流向 16 元 /kg 起，在十月还相继推出了中秋、国庆的优惠活动……

此外，顺丰携手嘉里物流在泰国设立了 KEXI（Kerry Express International）委员会，共同讨论和决策有关国际快递业务的重大规划和关键资源投入等，有利于顺丰拓展东南亚市场及海外市场人才储备。

3. 申通

申通快递（简称申通）创立于 1993 年，2013 年成立申通国际。申通国际致力于为全球跨境电商提供专业的跨境物流供应链服务。2019 年申通启动菜鸟国际出口首公里揽收项目。申通国际业务已经拓展至美国、俄罗斯、澳大利亚、加拿大、韩国、日本、新西兰、印度尼西亚、尼泊尔、英国、荷兰、马来西亚、泰国、孟加拉国等国。

4. 韵达

韵达快递（简称韵达）创立于 1999 年 8 月，服务范围覆盖国内 31 个省（区、市）及港澳台地区，是集快递、物流、电子商务配送和仓储服务为一体的全国网络型品牌快递企业。

自 2013 年以来，韵达相继与日本、韩国、美国、德国、澳大利亚等国家和地区开展国际快件业务合作，为海外消费者提供快递服务。目前已开通 14 条国际航线，国际标快、国际特惠业务已涉及全球 53 个国家和地区，国际小包业务覆盖全球 200 多个国家和地区，还在美国、德国、爱沙尼亚等国家建立了海外仓。2019 年"优递达"产品上线，旨在为客户提供个性化、极致化、差异化的快递服务。

5. 中通

中通快递（简称中通）创立于 2002 年，拥有全货包机。2020 年 2 月，中通启动了泰国全境快递业务。中通快递先后在美国、法国、德国、日本、韩国、新西兰、马来西亚等地设立中转仓，同时推出欧盟专线、美国专线、日韩专线、新澳专线、东盟专线、中东专线、非洲专线及全球其他国家专线的包裹寄递、物流配送及相关业务。

二、邮政物流

万国邮政联盟

万国邮政联盟（Universal Postal Union，UPU），简称"万国邮联"或"邮联"，是商定国际邮政事务的政府间国际组织。万国邮联于 1978 年 7 月 1 日起成为联合国一个关于国际邮政事务的专门机构。总部设在瑞士首都伯尔尼，宗旨是促进、组织和改善国际邮政业务，并向成员提供可能的邮政技术援助。截至 2019 年 10 月，万国邮政联盟有 192 个成员国，中国是万国邮政联盟成员国之一。

（一）国际 EMS

国际 EMS 由万国邮联管理下的国际邮件快递服务，也是中国邮政提供的一种快递服务。高速度、高质量地为用户传递国际紧急信函、文件资料、金融票据、商品货样等各类文件资料和物品，同时提供多种形式的邮件跟踪查询服务。

国际 EMS 业务是不同国家和地区邮政合办，各国邮政、海关、航空等部门均享有优先处理权，清关能力强，妥投时效快，无须加收燃油附加费、偏远附加费、个人地址投递费。这也是其与 UPS、DHL、FedEx、TNT 等国际商业快递的重要区别。国际 EMS 优缺点见表 5-6。

表 5-6 国际 EMS 优缺点

优　　点	缺　　点
① 揽收网点覆盖范围广，目的地投递网络覆盖能力强。价格较为便宜，以实际重量计费，不计算抛重； ② 享受邮件便捷进出口清关服务。清关时可以不提供商业发票，即使清关未过，货物可免费运回境内； ③ 寄往俄罗斯以及南美洲等国家（地区）的货物，在清关和运费方面有绝对优势； ④ 比较适合小件，以及对时效性要求较低的货物	① 速度比国际商业快递慢； ② 网站信息更新不及时，出现问题后只能进行书面查询，耗时长； ③ 不能一票多件，运送大件货物的价格较高

（二）国际 e 邮宝和 e 特快

1. 国际 e 邮宝

国际 e 邮宝又称 epacket，是中国邮政为适应国际电子商务寄递市场的需要，为中国电商卖家量身定制的一款全新经济型国际邮递产品，主要针对轻小件物品的空邮产品，其包裹的重量尺寸限制见表 5-7。

表 5-7 e 邮宝的重量和尺寸限制

包裹形状	重量限制	最大尺寸限制	最小尺寸限制
非圆卷邮件	单件包裹重量 ≤2kg	单件包裹的长、宽、厚之和 ≤90cm，最长边的长度 ≤60cm	单件包裹长度 ≥14cm，宽度 ≥11cm
圆卷邮件		包裹直径的两倍和长度之和 ≤104cm，包裹长度 ≤90cm	包裹直径的两倍和长度之和合计 ≥17cm，长度 ≥11cm

（1）服务项目　美国、澳大利亚和加拿大的国际 e 邮宝业务提供全程时限跟踪查询，但不提供收件人签收证明；英国的国际 e 邮宝业务提供收寄、出口封发和进口接收信息，不提供投递确认信息。客户可以登录邮政速递物流官网或拨打客服热线查询。

国际 e 邮宝不提供包裹的丢失、延误、损毁补偿、查验等附加服务。对于无法投递或拒收的包裹，国际 e 邮宝可以为客户提供集中退回服务。所以，一些高价值的物品不适合选择国际 e 邮宝投递。

（2）适用平台　国际 e 邮宝是全球速卖通、eBay、敦煌网等主流跨境电子商务平台认可和推荐的物流渠道之一，主要发往美国、加拿大、英国、法国、澳大利亚等 39 个国家和地区，重点路向的全程平均时效为 7 ~ 10 个工作日。

（3）资费标准　总体上包裹运费 50g 首重，续重按照每克计算，免收挂号费，运往俄罗斯路向的单个包裹限重在 3kg 以内，运往以色列、英国路向的单个包裹限重在 5kg 以内，运往其他路向的单个包裹限重在 2kg 以内。

2. e特快

e特快是中国邮政为适应跨境电子商务客户寄递需求而设计的一款高端跨境电子商务物流服务，包裹信息全程跟踪，客户可以随时查询包裹状态。

e特快比e邮宝在时效和信息跟踪上更能满足客户的需求，它的资费以50g起续重计费，若包裹体积重量大于实际重量，按体积重量计收资费。体积重量的计算办法是邮件任一单边长度超过40cm时开始计费，体积重量＝长（cm）×宽（cm）×高（cm）/6000（cm³/kg）。

（三）中国邮政航空大包、小包

1. 中国邮政航空大包

中国邮政航空大包，俗称"中邮大包"或"航空大包"。此渠道全程航空运输，可寄达全球200多个国家和地区，只要有邮政网点的地方都可以到达，价格低廉，清关能力强，对时效要求不高且稍重的货物，中邮大包是不错的选择。中国邮政航空大包的优缺点见表5-8。

表5-8 中国邮政航空大包的优缺点

优　　点	缺　　点
①成本低。比国际EMS稍低，和国际EMS一样不计算体积重量，没有偏远附加费； ②通达地多，只要有邮政网点的地方都可以到达； ③运单操作简单、方便，运单单一，并由公司统一打印，减少了客户的麻烦	①包裹重量受限不能超30kg，部分国家受限20kg； ②网站信息更新不及时； ③时效较慢，送达亚洲国家4～10天，送达欧美主要国家7～20天，送达其他国家和地区7～30天

中国邮政航空大包的重量限制为：2kg≤重量≤30kg（部分国家不超过20kg，每票快件不能超过1件）。

中国邮政航空大包的体积限制为：单边≤1.5m，长度＋长度以外的最大横周≤3m；或单边≤1.05m，长度＋长度以外的最大横周≤2m。

中国邮政航空大包最小尺寸限制为：最小边长≥0.24m，宽≥0.16m。

2. 中国邮政航空小包

中国邮政航空小包是基于万国邮政网络，针对2kg以下的小件商品推出的直发寄送服务，是一项经济实惠的国际快件服务项目，包括平邮小包和挂号小包，可寄达全球200多个国家和地区的各个邮政网点。

中国邮政航空小包也是主流跨境电商平台认可的物流解决方案之一，能够为客户提供经济实惠、清关便捷的轻小件递送服务。中国邮政航空小包的优缺点见表5-9。

表5-9 中国邮政航空小包的优缺点

优　　点	缺　　点
①运费相对较低； ②支持线上线下发货，线上渠道提供上门揽收、客户自送等多种交寄方式； ③清关操作简单，享有"绿色通道"，清关能力很强，派送覆盖面广； ④包裹本质上属于"民用包裹"，可邮寄的物品品类较多； ⑤部分路向可提供航空、陆运等多种运输方式	①限重严格，只接受重量在2kg以下的包裹。包裹如果超过限重，就需要被分成多个邮寄； ②运送时间较长； ③许多国家和地区不支持全程跟踪，卖家需要借助平台网站查询目的地的相关网站进行跟踪

中国邮政航空小包的包裹在重量和尺寸方面有一定的限制，见表5-10。

表5-10 中国邮政航空小包的包裹重量和尺寸限制

包裹形状	重量限制	最大尺寸限制	最小尺寸限制
方形包裹	单件包裹重量≤2kg	长＋宽＋高≤90cm； 单边长度≤60cm	至少有一面的长度≥14cm； 宽度≥9cm
圆卷状包裹		两倍直径加长度之和≤104cm； 单边长度≤90cm	两倍直径加长度之和≥17cm； 单边长度≥10cm

中国邮政航空小包性价比较高，适合邮寄单个包裹重量较轻、价格要求实惠并且对包裹的信息跟踪要求较低的商品。不过中国邮政航空小包属于"民用包裹"，海关对个人邮递物品的验放遵循"自由合理数量"原则，以自用正常数量为限，若寄送较多的商品，则不宜采用中国邮政航空小包。

（四）其他境外邮政小包

其他境外邮政小包一般以国家或地区名称开头，较常用的有荷兰邮政小包、新加坡邮政小包、瑞典邮政小包等。境外邮政小包在重量、体积、禁限寄物品要求等方面的特点在不同国家和地区存在很多共同点，同时也存在一些不同，主要体现在价格、时效标准和承运物品的限制上。

境外邮政小包在带电产品、纯电池、液体及固体化妆品等寄送限制方面比中国邮政航空小包更加宽松，是我国跨境电子商务出口零售领域非常重要的跨境物流渠道。

三、国际专线物流

国际专线物流是跨境电商的主要物流模式之一，现在主要是指针对特定国家或地区推出的跨境专用物流线路，具有固定物流起点、固定物流终点、固定运输工具、固定运输线路和固定运输时间的特征。国际专线物流主要包括航空专线、港口专线、铁路专线、大陆桥专线、海运专线及固定多式联运专线物流等，如郑欧班列、中俄专线、渝新欧班列、中欧班列（武汉）、国际传统亚欧航线等。

（一）国际专线物流的优劣势

一般跨境国际专线物流会使用航空包仓的方式来完成货物的跨境运输，然后由第三方合作企业对货物进行目的地范围内的派送。国际专线物流有其特有的优劣势，见表5-11。

表5-11 国际专线物流优劣势

优势	①成本低。通过规模效应有效控制目的地配送整体成本，服务比邮政小包稳定，价格也比商业快递低； ②安全性高。专线物流一般有额外赔偿和保险，丢包率较低，在目的地有合作物流商负责单件配送，丢包率远远低于邮政小包； ③可追踪。专线物流都可在国内获得目的地配送物流商的单号，实现从国内到境外妥投的全过程追踪
劣势	①通达地区有限。只有物流体量较大的国家和地区才有专线物流可以选择，覆盖面较窄； ②可托运的产品有限； ③相对于邮政小包来说，其运费成本略高

（二）常见的国际专线物流

1. 中俄快递（SPSR）

中俄快递是俄罗斯的一家商业物流公司，也是俄罗斯跨境电子商务行业的领军企业，其物流服务特点见表 5-12。

表 5-12 中俄快递物流服务特点

项　目	具体内容
派送范围	俄罗斯全境内
送达时效	俄罗斯境内 75 个主要城市（包含莫斯科、圣彼得堡等）11～14 日内到达，其他偏远地区 31 日内可到达； 默认送货到门，收件人可以自提（SPSR 在俄罗斯境内 260 多个城市设置了 900 多个自提点）
信息跟踪	提供国内段、目的国妥投等跟踪信息
计费标准	按每 100g 计费，不满 100g 按 100g 计
包裹尺寸及重量限制	每个单件包裹限重在 31kg 以内； 包裹长 + 宽 + 高 ≤ 180cm，单边长度 ≤ 120cm； 方形包裹：表面尺寸 ≥ 9cm × 14cm； 卷轴包裹：两倍直径及长度之和 ≥ 17cm，单边长度 ≥ 10cm

2. 俄速通（Ruston）

俄速通成立于 2013 年，是服务于中国品牌数字化出海的服务商，业务涵盖了跨境物流仓储服务、供应链贸易服务、供应链金融服务和电商分销服务四大块，是中俄跨境数字贸易的综合服务商。

俄速通打造了由揽收、全轨迹信息系统、集货仓、国内物流、跨境物流、呼叫中心组成的对俄跨境电商系统，服务涵盖了航空、陆运、铁运、海运全渠道物流方式，既能满足 B2C 又满足 B2B 行业的需求。俄速通的航空专线服务采用全货包机形式，具有高效、经济的特点。航空和陆运结合运输，使得俄速通可以寄发的商品基本涵盖了电子商务的主要商品类别。俄速通的中欧班列铁路运输和海铁联运较好地兼顾了时效和成本，可以满足 B2B 贸易的各种需求。

俄速通清关能力强，最快可以在 2 个小时内完成清关。派送时效稳定，俄罗斯大城市基本可在 7～15 个工作日完成妥投，其他城市可在 10～25 个工作日完成妥投。

3. Aramex

Aramex 是全球领先的综合物流解决方案提供者，是中东地区著名的快递公司之一，俗称中东专线。Aramex 快递是国际货物邮寄中东国家的首选。时效有保障，正常时效为 3 个工作日，一般均为 2～5 天。主要服务于中东、北非、南亚等地的国家和地区。Aramex 有其特有的优势，如图 5-1 所示。

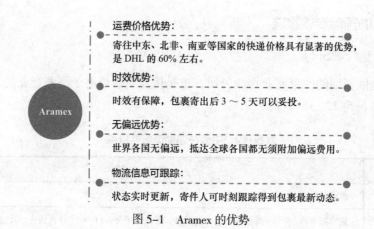

图 5-1　Aramex 的优势

2020 年 3 月，中东快递公司 Aramex 与零售机构合作，利用零售网点，在沙特阿拉伯和阿拉伯联合酋长国建立了投递网络 Aramex Spot，扩大了最后一英里投递服务的范围。该服务符合 Aramex 加强最后一英里服务能力同时致力于轻资产结构的承诺，也更能满足电商客户的需求。

Aramex 首席运营官表示，收件人可以从附近超市、药店或其他商业网点取件。即通过创新服务提高运营效率，同时提升客户体验。商业网点不仅可以收取代办费，还会因客户取件而增加客流量。

Aramex 首席数字官称，消费者期望越来越高，新服务使公司更接近客户，公司有信心建立强大的揽投网络。Aramex Spot 与众包投递服务 Aramex Fleet 共同形成零资产技术驱动平台，支持公司实现最后一英里能力可扩展。

此前，Aramex 在 2018 年 10 月推出 WhatsApp 服务，2018 年 12 月推出 Aramex Fleet 服务，都是为了提升客户体验，实现数字化并简化端到端货运流程。

阅读以上案例，思考 Aramex 是如何提高用户体验感的。

四、东南亚小包（COD）

（一）东南亚小包（COD）的概念

东南亚小包又称 COD（Cash On Delivery），即代收货款服务。国外的客户先在电商网站下单，由物流公司将货物送到国外的客户手中后，再当场收取货款和运费，最后再将货款返还给电商卖家。

COD 物流模式主要集中在东南亚和中东等新兴市场。相比于国际快递及空运专线，东南亚小包的费用比较低，时效也有保障，客户可以以最实惠的价格享受到高效的服务，以及一站式的派送服务。东南亚小包又分为挂号小包和平邮小包两种方式。东南亚小包种类及内容见表 5-13。

表 5-13　东南亚小包种类及内容

种　类	内　容
挂号小包	包裹的重量限制是≤30kg，以 kg 为单位计算，不区分首重和续重； 产品的提报金额比较高，可能会产生一定的税费
平邮小包	包裹的重量限制是≤2kg，以 kg 为单位计算，不区分首重和续重； 产品的提报金额一般不超过当地的税收界限，超过这个金额的产品是不接受通过平邮小包运输的

东南亚小包的空运时效大约是 7 ~ 10 天，清关加派送需要 3 ~ 5 天时间。通常，挂号小包的时效要比平邮小包时效快一些。

（二）东南亚小包（COD）业务及流程

COD 业务是一个融合信息流、实物流、资金流三位一体的业务。在互联网环境下，信息实时共享与交换是 COD 业务代收代付资金管理的基础。货物清关到达国外后，通常由快递公司、物流公司或邮递单位代收费，国内货运中通常也是委托物流公司代收费，其业务流程如图 5-2 所示。

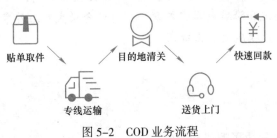

贴单取件　　目的地清关　　快速回款

专线运输　　送货上门

图 5-2　COD 业务流程

（三）东南亚小包（COD）的优劣势

COD 采用的是货到付款方式，这种物流方式在东南亚国家所占比重非常高，可见 COD 有其独特的优势，但也有其不足，具体见表 5-14。

表 5-14　COD 的优劣势

优　势	劣　势
①用户群体广； ②成本低； ③采用固定的航班，时效可控；本地统一清关，专人跟踪，减少清关时间，提高清关效率； ④限制小、灵活性强，以社交媒体作为主要流量来源，不受第三方电商平台规则限制	①退货率高； ②复购率低； ③运营风险高，难以形成较大规模； ④回款周期长，平均在 30 天左右

任务二　海外仓介绍

海外仓助力企业摆脱传统贸易的困境

　　瀚海是一家主营小家具的企业，其产品主要为可自由组合形状的柜子和台子等，其产品受到爱搬家的欧美人的喜爱，因为其产品便于他们在搬家的时候自己动手进行拆装。瀚海有着 10 多年的传统贸易经验，前几年，瀚海发现他们通过批量出口给进口商，只能赚取一些批发利润和获取一些出口退税，然后进口商却在当地进行高附加值的零售。随着跨境电商行业的发展，瀚海开始思量独立进行海外市场的零售业务，短短一年时间就在 Amazon、eBay、速卖通等平台搭建了店铺，还自建了平台官网，受到了许多终端买家的关注。然而，从国内直接进行订单派送，面临着诸多瓶颈。商检产品由原先的批量检验到单件商品检验，流程烦琐，耗时耗力，由于时效较长还引起了客户的抱怨；清关有可能还会产生额外的关税，关税支付也时常发生争议，总体购物体验比较差，导致终端客户认为不如购买本国当地商家的产品更方便，至少时效更快。为解决燃眉之急，瀚海与斑马合作创建海外仓，使电商物流和跨境电商完美配合，海外仓模式和海外零售业务有机结合，打造出了瀚海这个规模庞大的出口商。

案｜例｜思｜考

1. 什么是海外仓?
2. 瀚海建立海外仓解决了哪些问题?

▼ 任务描述

　　伴随着跨境电商行业的发展，海外仓成为跨境电商卖家不可或缺的物流服务。利用海外仓，跨境电子商务的卖家可以更好地为海外消费者提供方便、高效的服务，为海外消费者带来更优质的购物体验。作为跨境电商卖家，在选择海外仓之前先要了解海外仓储服务及操作流程，了解海外仓模式，以及了解如何选择合适的海外仓，让自己在跨境业务中更有优势。

▼ 知识铺垫

　　海外仓是指在除本国地区的其他国家建立的仓库，一般用于跨境电子商务。货物从本国出口通过海运、货运、空运的形式储存到目标国家的仓库，买家通过网上下单购买所需物品，卖家只需在网上操作，对海外的仓库下达指令完成订单履行。货物从买家所在国发出，可以大大缩短物流所需要的时间。

学习实践活动

一、海外仓的优缺点

1. 优点

（1）降低物流成本　跨境电商物流包括国内物流、国内清关、国际运输、进口国报关、国外运输等多个环节，物流成本占总成本的比例为30%～40%。不同的物流渠道对货品的重量、体积和价值都有一定的限制，从海外仓发货，可以打破这些限制，并且物流成本低于从本国境内发货。例如，对于可组装产品，将半成品运输到海外仓并进行组装，可以减小包装体积，以达到优化头程物流成本的目的。

（2）加快物流时效　从海外仓发货，可节省报关清关时间，缩短运输时间，从而加快物流的时效性。发货时效快，回款也就快。国内直发的快递时效最快在半个月左右，普遍为一个月，回款就是在3～4个月之后了，回款慢会导致企业产生流动性问题。

（3）提高产品曝光率　海外客户在选择购物时，一般会优先选择当地发货的产品，海外仓不仅可以满足客户的这一需求，还可以大大缩短其收货的时间。海外仓让跨境电商拥有自身特有的优势，从而提高产品的曝光率和店铺销量。

（4）提高客户满意度　从海外仓发货，缩短了配送时间，减少了中转，降低了破损率。国内直发运输中间可能会出现货物破损、短装、发错货物等情况，客户因而会要求退货、换货、重发等情况，有了海外仓，便可在仓内进行调整，大大提高客户满意度。

（5）有助于开拓海外市场　利用海外仓，不仅可以获得买家的认可，也有利于卖家库存更多的资源去拓展市场，扩大商品的销售规模。

2．缺点

（1）需要承担海外仓储费　不同的国家仓储成本也不同，卖家要计算好成本，一般的仓储费是按天进行计算的。选择海外仓前需要与自己目前发货方式所需要的成本进行对比，然后选择成本较低的方案。

（2）存在库存积压的风险　海外仓需要卖家有一定的库存量，这是海外仓建立的前提条件，海外仓的库存通过合适的渠道销售，库存的积压会增加运营风险，因此不适合新手卖家和销售特别定制产品的卖家。

（3）面临本土化挑战　海外仓受服务商运营能力影响大，可控性差，且海外仓受当地政策、社会因素、自然因素等不可控因素的影响较大，如果海外仓库的服务商在某一环节出现问题，很可能会造成货物交付延误，甚至面临仓库检查，货物被没收的情况。

此外，海外仓并非适用于所有商品，如一些定制产品就不适合选择海外仓销售。

二、海外仓运作流程

海外仓运作流程一般包括头程运输、中端仓储和尾端配送三个环节，如图5-3所示。

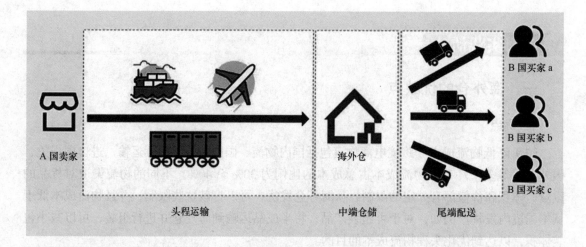

| 卖家将货物送到海外仓在国内设置的货仓（部分地区可提供免费包裹）；货物入库和包装，然后从仓库送往海关进行清关等流程。 | 卖家通过海外仓信息管理系统，对海外仓中的货物进行远程管理，实时更新仓储信息。 | 海外仓仓储中心根据卖家指令对货物进行存储、分拣、包装与配送。 |
| 通过陆运、海运、空运或者联运送到海外仓。 | 卖家接到订单后，向海外仓仓储中心发出货物操作指令。 | 完成发货后，更新海外仓管理信息，向卖家提供海外仓库存状况信息。 |

图 5-3　海外仓运作流程

三、海外仓成本构成

海外仓储成本一般包括头程费用成本、仓储及处理费用成本和本地配送费用成本三部分。头程费用成本包括：卖家货物运往海外仓的物流费用、将货物出关时产生的清关费用；仓储及处理费用成本包括：货物储存在境外仓库产生的仓储费用、仓储作业中的劳动或物化劳动；本地配送费用成本包括：海外仓通过本地物流商将商品送达买家手中产生的费用。

海外仓这种新的跨国物流形式有利于解决跨境电子商务发展中的种种痛点，鼓励电商企业"走出去"。客户下单后，出口企业通过海外仓直接从本地发货，大大缩短配送时间，也降低了清关障碍；卖家通过货物批量运往海外，降低了运输成本。此外，海外仓能在买家收到货物后轻松实现退换货；同时，还提供商品检测维修、二次包装、退货等增值服务，改善了买家跨境购物的体验。可见，海外仓不仅是在境外建立了仓库，它更是对现有跨境电商运输方案的优化和整合。

> **小资料**　全球布局海外仓，助力"中国制造"畅销全球
>
> 　　跨境电商等新业态正在为中国外贸发展提供新空间、新动能。海外仓是跨境电商企业在境外实现本土化运营的重要依托。中国在世界各地拥有超 1800 个海外仓，分布在俄罗斯、日本、韩国、美国等地。中国的海外仓主要分为三类：为跨境电商卖家提供第三方服务的海外仓；拥有跨境电商平台、主要为平台客户提供服务的平台型海外仓；成长性好、发展潜力较大，且具有一定特色的成长型海外仓。这些海外仓缩短了物流时间，

让海外消费者体验更好。海外仓，已经成为"中国制造""走出去"的新驿站。

通过在目的地国设立海外仓，再把商品以批量的方式运输过去，根据当地市场进行分拣、包装、运输等步骤，能够有效提升物流效率并降低综合运营成本。

四、海外仓运作模式

传统跨境电商根据订单单包跨境发货，海外仓则搭建了一个本地供应的闭环。与传统物流模式相比，海外仓采取了"单未下，货先行"的运营模式。在目的国就近发货，大大缩减了运输时间。但海外仓竞争非常大，在选择合适的海外仓前要先了解不同模式的海外仓的特点。海外仓的模式一般分为三种，分别是自建海外仓、跨境电商平台海外仓和第三方海外仓。

（一）自建海外仓

自建海外仓是指由出口跨境电商企业建设并运营的海外仓库，仅为本企业销售的商品提供仓储、配送等物流服务。

自建海外仓由卖家负责运输、报关、通关、海外仓管理、拣货、终端配送等一系列工作，也就是整个跨境电商物流体系是由出口跨境电商企业自身控制的。

1. 自建海外仓优势

（1）可控性高　卖家可以依据自身情况自主确定海外仓的地址、规模和经营模式，无须考虑海外仓对商品种类和体积等方面的限制。卖家自行管理海外仓，对海外仓的发货速度有一定的掌控权，可以酌情区分加急件、慢件，能较好地提升买家的购物体验。对于退回仓内的货物可以自行决定是销毁还是再售。

（2）利于本土化经营　跨境电子商务具有全球性特征，海外一些买家会对跨境电子商务企业提供的产品存在一定疑虑。卖家在目标市场建立了海外仓，当买家购买时，选择当地发货，就会给当地的买家真实感，而且会觉得卖家的经营实力较强，这样有利于提升买家对卖家的信任度。

在运营管理中，卖家雇佣当地员工负责海外仓的供应链管理、商品销售、客户服务等工作，当地员工比卖家更了解当地的法律法规、人文习俗文化和当地的沟通习惯，能更好地为买家提供服务，便于卖家利用海外仓更好地开展本土化经营，提升自身品牌在当地的影响力和市场占有率。在经营过程中卖家可以及时、清楚地发现当地市场的变化，并根据市场需求调整产品，制定符合市场特色的经营策略。

2. 自建海外仓劣势

（1）成本高　自建海外仓不仅需要大量的资金投入，还要有合适的仓储地点、配套的软硬件设施，以及雇佣员工等也会产生人力成本。与国内仓库相比，海外仓库的租金和人工成本会更高，资金投入也会更大。

（2）经营管理要求高　自建海外仓在处理业务过程中会涉及当地的清关政策、税收制度、劳工政策、仓储国际化运营等，这就要求卖家不仅要了解海外仓所在地的政治环境、经济环境、文化习俗、法律环境、劳工雇佣政策等，还要了解当地的基础设施建设水平、信息技术水平、服务水平等。此外，卖家还需要组建海外仓储管理团队，由于文化差异较大，对海外仓管理人员的管理也是卖家面临的一大挑战。

（3）仓储面积弹性小 仓库租用面积固定，没有什么弹性。若卖家租用面积过大，出货量达不到一定规模，就会形成空仓；若租用面积过小，一旦搞大型促销活动，会出现仓储不足的情况。

（二）跨境电商平台海外仓

一些跨境电商平台为了提升自身竞争力，为买卖双方提供更好的服务，建立了海外仓，例如速卖通和亚马逊，以及东南亚地区的 Shopee 和 Lazada。

1. 速卖通的无忧物流

速卖通无忧物流是速卖通和菜鸟网络联合推出的官方物流服务，能够为速卖通买家提供包括稳定的国内收揽、国际配送、物流详情追踪、物流纠纷处理、售后赔付等在内的一站式物流解决方案，并降低物流不可控因素对卖家造成的影响，让卖家放心在平台上经营。菜鸟官方海外仓已在西班牙、法国、波兰、比利时、捷克、英国、德国、意大利设合作仓，其主要服务内容如图 5-4 所示。

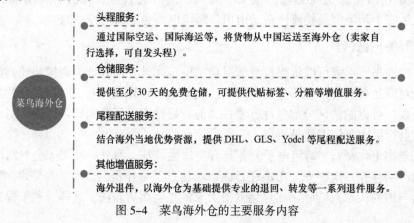

图 5-4　菜鸟海外仓的主要服务内容

2. 亚马逊的 FBA

亚马逊物流（Fulfillment By Amazon，FBA）是亚马逊提供的代发货业务，具体包括仓储、拣货、包装、配送、收款、客服及退货处理等一条龙物流服务，其服务流程如图 5-5 所示。

图 5-5　FBA 服务流程

使用 FBA 的卖方只要把货物送到亚马逊仓库，由亚马逊代理销售，只要有买家下订单，亚马逊仓库就会负责包装、发货；如果出现退货，FBA 也能帮卖家进行处理。

FBA 一直被誉为亚马逊最有保障的物流服务体系。作为一个全程物流体系，FBA 的优缺点见表 5-15。

表 5-15　FBA 的优缺点

优　　点	缺　　点
① 有助于提高 Listing 排名，提高用户信任度，帮助卖家成为特色卖家，提高销售额； ② 运营管理专业化，海外仓覆盖范围广，有成熟的仓储管理和配送体系； ③ 仓库大多靠近机场，配送速度快； ④ 拥有亚马逊专业客服，能帮助卖家减轻客服压力； ⑤ 可以改善卖家账号表现，因 FBA 给出的差评，若符合亚马逊的相关政策，可以移除差评； ⑥ 单价超过 300 美元的商品可免运费	① 仓储费用偏高； ② 灵活性差，FBA 只能用英文沟通，且邮件回复不是很及时； ③ FBA 仓库不为卖家的头程发货提供清关服务； ④ 若标签扫描时出现问题会影响产品入库，甚至无法入库； ⑤ 使用美国站点的 FBA，退货只支持美国地区

3. Shopee 海外仓

目前 Shopee 已在马来西亚、菲律宾、泰国、越南、墨西哥等站点开设海外仓。卖家批发货物至 Shopee 位于当地站点的仓库或国内转运仓，由仓库提供仓储及一件代发服务。到达目的地仓库后，Shopee 将对按照预约时间送达的、与提报产品一致的货品进行入库和店铺上架操作，具体操作如图 5-6 所示。

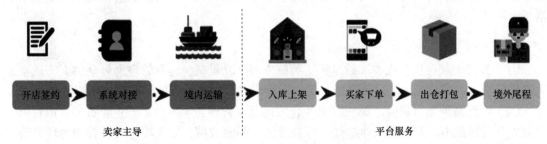

| 开店签约 | 系统对接 | 境内运输 | 入库上架 | 买家下单 | 出仓打包 | 境外尾程 |

卖家主导　　　　　　　　　　　　　　　　平台服务

图 5-6　Shopee 海外仓操作流程

Shopee 海外仓的跨境物流方式分为两种，一种为批量发货至 Shopee 当地仓库，还有一种是批量发货至 Shopee 国内仓库，见表 5-16。

表 5-16　Shopee 海外仓的跨境物流方式

站　　点	卖家操作
泰国、菲律宾、马来西亚、墨西哥	批量发货至 Shopee 当地仓库：可选择 Shopee 推荐第三方物流公司，也可使用自行寻源的物流公司；若选择马来西亚保税区仓库，则需要使用 Shopee 指定的物流公司
菲律宾、越南	批量发货至 Shopee 国内仓库（简称白关）

4. Lazada 海外仓

Lazada 物流（Lazada Global Fulfillment，LGF）是 Lazada 为商家提供包含仓储在内的端到端的订单履约服务，即商家提前备货至 Lazada 的仓库，订单产生后在 Lazada 仓库进行分拣打包并配送至买家，使用 LGF 服务履约的订单类型为 FBL 订单，即"Fulfilled By Lazada"，其一站式仓储、配送物流、网络服务分工具体情况如图 5-7 所示。

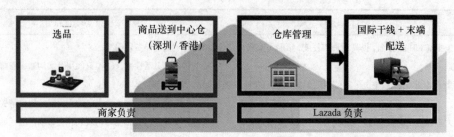

图 5-7　LGF 物流网络服务分工

目前 LGF 有两种模式：中国中心仓（深圳、香港）和海外本地仓（马来西亚、新加坡、印度尼西亚、菲律宾、泰国、越南），LGF 中国中心仓已实现一仓发多国（除印度尼西亚外）。

（三）第三方海外仓

第三方海外仓是指由第三方物流服务商建立并运营的海外仓库，可以为跨境电商企业提供清关、入库质检、接受订单、订单分拣、多渠道发货、后续运输等物流服务。可见这样的海外仓运营与管理都由第三方物流企业来负责，出口商可以通过租赁的方式来获取第三方海外仓的服务。

1. 第三方海外仓优势

（1）节省卖家自建仓成本　通过租赁第三方海外仓可减少运营管理海外仓的人工成本，从而降低卖家的运营投入。这种独特的集中运输模式，极大地降低了卖家的物流管理成本。

（2）降低海外运营风险　第三方海外仓的运营与管理完全由第三方企业负责。租赁第三方海外仓可帮助出口商规避法律法规、行业政策、税收政策，以及境外人员管理等环节带来的风险，从而降低海外仓的运营风险。

（3）选品范围更广　平台海外仓对商品的尺寸、重量、类别有一定的限制，比较适合体积小、利润高、质量好的商品。第三方海外仓的数量较多，卖家可以选择的范围较广，卖家可根据某类商品的特点去挑选能够接受此类商品的第三方海外仓，因此，即使商品体积大、重量大，也能找到合适的第三方海外仓。

（4）适用范围广　第三方海外仓向所有的跨境电子商务卖家开放。第三方海外仓还具有中转的作用，如果卖家同时使用第三方海外仓和平台海外仓，在销售旺季可以直接从第三方海外仓向平台海外仓发货，节省发货时间。

对于多平台卖家来说，第三方海外仓可以解决多平台一盘货问题，同时支持 B2B 和 B2C，调动库存更灵活；价格相对平台海外仓更实惠，增值服务相对更多、更灵活，因此第三方海外仓也成为部分跨境电商卖家的首选。

2. 第三方海外仓劣势

第三方海外仓也有劣势，比如：无法为卖家提供商品推广服务，卖家只能通过各类推广工具来增加商品和店铺的曝光量；第三方海外仓的集中运输模式导致库存压力较大，库存积压风险增加，且管理成本较低，在运输管理方面存在许多不平衡；无法提供售后与投诉服务，不能消除买家留下的中差评；此外，将商品较长时间放在第三方海外仓可能会存在一定的潜在安全风险。

五、选择合适的海外仓

海外仓为卖家提供强大的物流支持，也让消费者有了更好的购物体验。在当前的跨境电子商务行业中，海外仓的作用也越来越突出，商家要想借助海外仓提高自身竞争力，只有选择适合的海外仓模式，才能使其充分发挥优势。

1. 海外仓选品定位

海外仓选品是指卖家选择合适的海外仓存储产品，且产品符合当地买家的购物习惯和当地的市场需求。选择什么样的海外仓产品，不同的卖家有不同的策略。依据卖家的销售目的和偏好，一般将选品分为4种类型：A类、B类、C类和D类。其中，A类属于高利润、低风险的产品，B类属于低利润、低风险的产品，C类为高利润、高风险的产品，D类为低利润、高风险的商品。海外仓选品定位如图5-8所示。

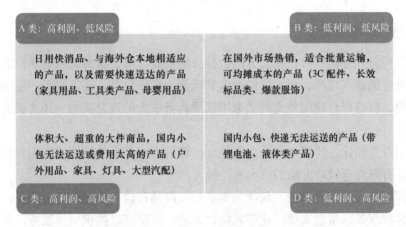

图5-8　海外仓选品定位

高利润、低风险类产品和高利润、高风险类产品最适合做海外仓。海外仓不像小包、专线邮递受规格限制，价格比国际快递便宜。另外，海外仓可以提供储存、包装等一系列服务，帮助商家减少损耗、降低物流成本，但是并不是所有产品都适合做海外仓。总的来说，适合做海外仓的产品主要有以下特点：尺寸、重量大，单价和毛利润高，或者货物周转率高（常说的畅销品）。

2. 考察海外仓的服务能力

FBA仓侧重于买家的购物体验，其服务可提升卖家产品在亚马逊平台的竞争力。不过相应的限制也比较多，对多平台的卖家不是很友好，灵活性较差。

在头程运输中，FBA不为卖家提供清关服务，LGF走官方物流负责报关清关，部分第三方海外仓可为卖家提供清关服务，有的还可以提供头程运输、退税服务。

在商品入库阶段，FBA不为卖家提供商品整理和贴标签服务；第三方海外仓则可以为卖家提供商品整理和贴标签服务；自建海外仓则需要卖家自力更生，全权负责头程运输、清关、商品入库前整理、贴标签等一系列工作。

另外，FBA、第三方海外仓均对商品的种类、体积、重量有所限制；而自建海外仓对入库商品的选择更具灵活性，卖家可以根据商品的特点建立与其相符的海外仓。

因此，商家在选择海外仓模式之前，要详细了解自己商品的特征和各类海外仓模式对商品体积、重量的限制，结合自己的需求，综合考虑各种海外仓模式提供服务的成本和成效，然后选择合适的海外仓模式。

小案例

> 我国某公司以出口一些小产品为主，随着业务的发展，美国市场发展趋于稳定，发货量逐步增加。为节省运输成本，公司考虑是否启用海外仓模式。产品的发货包装细节为：小产品10个为一捆起卖，10个装一个信封袋（21cm×11cm），80个信封袋装一箱，外箱尺寸为39cm×33.5cm×29cm，一箱的重量为19kg。
>
> 该公司是否适合启用美国海外仓？

3. 考虑商家的规模和实力

商家在选择海外仓模式时，要充分结合自身的发展规模、实力及风险承担能力。

自建海外仓的成本较高，对卖家的经营管理能力要求也高，还需具备一定的海外仓管理的人才和经验，故选择自建海外仓的卖家不仅要具备强大的资金实力，还要拥有丰富的经营管理能力。

与自建海外仓相比，跨境电商平台海外仓、第三方海外仓的使用成本相对较低，无须考虑商家是否具有海外仓管理方面的成本和经验。

另外，跨境电商平台海外仓不仅能为卖家提供商品存储、终端配送等服务，还能为卖家提供专业的客户服务，帮助卖家优化买家购物体验，甚至可以提供增值服务。在使用平台海外仓时，卖家能享受跨境电子商务平台的流量倾斜，提高商品的曝光率。

4. 结合商家的物流运营战略

不同的商家在不同时期的经营战略有所不同。如果商家只是为了提高商品在海外市场的销售量，提升经营效益，并未打算将海外仓的物流体系纳入自身经营范围，则可以选择跨境电商平台海外仓；若不想受平台海外仓的限制，第三方海外仓也是不错的选择；如果卖家选择海外仓是为了提高品牌知名度和渗透率，以更好地实施本土化运营战略，或者计划构建属于自己的海外仓物流体系，则可以选择自建海外仓模式。

任务三　物流渠道特殊限制及规定

案例导入

　　2022年4月，一条名为《我在网上买飞机 买3送1》的短视频爆红网络，视频描述的是一国外小伙花费60美元网购了3架标称3米的充气飞机，卖家还标明买3送1，然而收到快递后小伙惊呆了：4架"3米多长"的飞机每架实际上不到1米，宣传和实物差别非常大。

　　这条视频直观地说明了跨境电商里一个真实存在的问题：部分卖家的不合规操作给整个跨境电商生态带来了不好的影响。而鉴于独立站卖家诸如此类"货不对板"的情况，PayPal封掉一批账号之后，将实行更加严格的合规约束。

案|例|思|考

跨境电商企业面临的合规约束有哪些？

任务描述

　　依照各国海关法对货品的通关要求，把出入境货品大体分为普货、限制性货品和禁止性货品。跨境电商卖家必须要了解主要禁限售品类以及主流跨境平台的违规处理方法。

知识铺垫

　　物流渠道可收运的货一般为普货、电池类以及液体粉末类，对于一些敏感特殊的物品，部分物流商可以接收，但危险品和明令禁止运输的物品不能接收。明令禁止运输的物品包括：色情物品、武器、军火、违背当地宗教信仰商品等。

学习实践活动

一、货品与货量的限制与规定

（一）国际商业快递禁限售品类

国际商业快递禁限售品类主要包括以下几种：

1）难以估算价值的有价证券及易丢失的贵重物品，如：提货单、核销单、护照、配额证、许可证、执照、私人证件、汇票、发票、本国或外国货币（现金）、金银饰物、人造首饰、手机等。

2）国家法令禁止流通或寄运的物品，如：文物、武器、弹药、仿真武器等。

3）易燃易爆、腐蚀性、毒性、强酸碱性和放射性的各种危险品，如：火柴、雷管、火药、爆竹、汽油、柴油、煤油、酒精（液体和固体）、硫酸、盐酸、硝酸、有机溶剂、农药及其他禁限售物品。

4）含有反动、淫秽或有伤风化内容的报刊书籍、图片、宣传品、音像制品、激光视盘（VCD、DVD、LD）、计算机磁盘及光盘等。

5）各类烈性毒药、麻醉药物和精神物品，如：砒霜、吗啡、可卡因、海洛因、大麻等。

6）妨碍公共卫生的，如尸骨（包括已焚的尸骨）、未经硝制的兽皮、未经药制的兽骨等。

7）难以辨认成分的白色粉末。

8）私人信函等。

（二）跨境电商平台禁限售品类

1. 亚马逊平台主要禁限售品类

亚马逊平台禁限售品主要集中在十七大类：①食品与饮料类；②酒精类（禁止未成年人或在没有相关许可证的情况下出售酒类）；③药品及相关物品类；④珠宝类；⑤化妆品类；⑥医疗设备类；⑦电子产品类；⑧服装类（二手衣服、鞋类）；⑨动物及动物相关产品类；⑩武器类（除仿真玩具武器可以在商城上架）；⑪汽车类；⑫烟草及烟草相关类（烟草完全禁止销售）；⑬艺术品类（违反了版权或者商标权的没有授权的艺术复制品）；⑭危险品类；⑮赌博和彩票类；⑯货币、硬币、礼品卡、现金等价物；⑰监控设备（秘密拦截的电线、电子通信的设备，如窃听器等）。

2. 速卖通主要禁限售品类

速卖通平台禁止发布任何含有或指向性描述禁限售信息。平台用户不得在速卖通平台发布违反任何国家、地区及司法管辖区的法律规定或监管要求的商品。禁限品主要涉及十八个种类：①毒品、易制毒化学品及毒品工具；②危险化学品；③枪支弹药；④管制器具；⑤军警用品；⑥药品；⑦医疗器械；⑧色情、暴力、低俗及催情用品；⑨非法用途产品；⑩非法服务类；⑪收藏品；⑫人体器官、捕杀工具、活体动植物及一切形态的保护动植物；⑬危害国家安全及侮辱性信息的商品；⑭烟草类；⑮赌博类；⑯制裁及其他管制商品；⑰违反目的国、本国产品质量技术法规、法令、标准的、劣质的、存在风险的商品；⑱部分国家法律规定禁限售商品及因商品属性不适合跨境销售而不应售卖的商品。

3. 东南亚专线小包产品限制

东南亚专线小包禁止危险品运输，禁止仿品及侵权品、生鲜产品和国家及航空禁止运输出口的产品的运输。部分专线小包可以运输带电产品及化妆品等敏感品，不过对运输的数量也有限制。

二、违规处罚

用户不得在跨境物流平台发布任何违反任何国家、地区及司法管辖区的法律规定或监管要求的商品。最常违反禁限售商品主要集中在六大品类：①色情内容；②成人内容；③香烟及酒精；④医疗设备；⑤药物；⑥受管制商品。

平台有权根据发布信息本身的违规情况及会员行为做加重处罚或减轻处罚的处理，以速卖通平台为例，其禁限售商品违规处罚办法见表5-17：

表5-17　速卖通平台禁限售商品违规处罚办法

处罚依据	行为类型	违规行为情节/频次	其他处罚
《禁限售规则》	发布禁限售商品	严重违规：48分/次（关闭账户）	1. 退回、删除违规信息； 2. 若核查到订单中涉及禁限售商品，速卖通平台将关闭订单。如买家已付款，无论物流状况如何均全额退款给买家，卖家承担全部责任
		一般违规：0.5～0.6分/次（1天内累计不超过12分）	

禁限售违规和知识产权一般侵权将累计积分，积分累积到一定分值，将执行账号处罚，知识产权禁限售违规处罚办法见表5-18。

表5-18　知识产权禁限售违规处罚办法

类型	扣分节点	处罚
知识产权禁限售违规	2分	严重警告
	6分	限制商品操作3天
	12分	冻结账号7天
	24分	冻结账号14天
	36分	冻结账号30天
	48分	关闭账号

对于恶意违规行为，速卖通将视情节的严重性做加重处罚处理。恶意行为如：包括但不限于采用对商品信息隐藏、遮挡、模糊处理等隐匿的手段，采用暗示性描述或故意通过模糊描述、错放类目等方式规避监控，同时发布大量违禁商品，重复上传违规信息，恶意测试规则等行为。

对于被认定为恶意行为的一般违规将做加重处罚处理（如发现同类重复违规行为，二次处罚分数加倍），达到严重违规程度，将关闭账号。

巩固提高

一、单项选择题

1. 下列不属于国际四大商业快递的公司是（　　）。
   A. FedEx　　　　B. UPS　　　　C. CNPL　　　　D. TNT

2. 以下哪项不属于国际商业快递（　　）。
   A. TNT　　　　B. epacket　　　　C. USP　　　　D. DHL

3. 中国邮政航空小包要求圆筒形货物的长＋宽＋高不超过（　　），单边不超过（　　）。
   A. 90cm，60cm　　　　　　　　　B. 100cm，50cm
   C. 90cm，50cm　　　　　　　　　D. 100cm，60cm

4. 国际e邮宝单件最高限重（　　）。
   A. 1kg　　　　B. 2kg　　　　C. 2.5kg　　　　D. 1.5kg

5. DHL对包裹有体积重量的限制，其体积重量的计算公式为长（cm）×宽（cm）×高（cm）÷（　　）。
   A. 6000　　　　B. 5000　　　　C. 3000　　　　D. 1000

6. 以下哪项不属于专线物流（　　）。
   A. Ruston　　　　　　　　　　　B. UPS
   C. Special Line—YW　　　　　　D. Aramex

7. 跨境电商常见的国际物流中，时效最快的是（　　）。
   A. 邮政小包　　　　　　　　　　B. 邮政速递
   C. 商业快递　　　　　　　　　　D. 专线物流

8. 下列哪种物流方式属于国际商业快递（　　）。
   A. 香港邮政小包　　　　　　　　B. 中国邮政航空小包
   C. e邮宝　　　　　　　　　　　　D. UPS

9. 在海外仓模式中，货物从中国到海外仓库的运费是指（　　）。
   A. 头程费用　　　　　　　　　　B. 仓储费
   C. 配送费　　　　　　　　　　　D. 订单处理费

10. 海外仓配送的商品一般（　　）。
    A. 销售周期较长　　　　　　　　B. 热销且利润高
    C. 需求比较小　　　　　　　　　D. 生鲜货产品

11. 在海外仓选品定位中，下列产品中哪个是高利润、低风险的产品（　　）。
    A. 尿不湿　　　B. 灯泡　　　C. 笔记本电池　　　D. 手机

12. 由出口跨境电商企业建设并运营的海外仓库，仅为本企业销售的商品提供仓储、配送等物流服务的物流模式是（　　）。
    A. 自建海外仓　　　　　　　　　B. 第三方海外仓
    C. LGF海外仓　　　　　　　　　D. 跨境电商平台海外仓

13. 一般来说，下列哪项不在海外仓费用计算范围内（   ）。

    A. 头程运费   B. 处理费   C. 退货费   D. 仓储费

14. Amazon 对食品和饮料的包装和标签有一定的要求，上架的产品必须清晰且正确地标示商品所有成分的含量、浓度以及产品保质期。Amazon 规定保质期超过（   ）天必须在（   ）天内删除。

    A. 60 天，60 天   B. 120 天，60 天

    C. 90 天，50 天   D. 180 天，50 天

15. 以下不属于第三方海外仓优势的有（   ）。

    A. 提高 Listing 排名，提高客户信任度   B. 提供头程清仓服务

    C. 选品范围更广   D. 对产品入仓前要求较宽松

二、多项选择题

1. 四大国际快递包括（   ）。

    A. UPS   B. FedEx   C. DHL   D. TNT

2. 海外仓储意味着出口跨境电商将货物全部发到海外仓运营主体的仓库，由后者进行（   ）甚至库存管理。

    A. 销售   B. 拣选   C. 仓储、配送   D. 打包

3. 海外仓储费用主要包括（   ）。

    A. 头程费用   B. 尾程费用   C. 仓储及处理费   D. 本地配送费用

4. 海外仓的优点有哪些（   ）。

    A. 降低物流成本   B. 加快物流时效

    C. 提高产品曝光率   D. 有利于开拓市场

5. 国际商业快递对于以下哪些难以估算价值的有价证券有一定的限制（   ）。

    A. 汇票   B. 发票   C. 配额证   D. 许可证

6. 以下哪些是国家法令禁止流通或寄运的物品（   ）。

    A. 武器   B. 弹药   C. 文物   D. 仿真武器

7. 最常违反禁限售商品主要集中在下面哪几种（   ）。

    A. 香烟及酒精   B. 药物

    C. 成人内容   D. 医疗设备

8. 以下适合做海外仓的产品有（   ）。

    A. 高利润、低风险的日用快消品   B. 低利润、低风险的爆款服饰

    C. 高利润、高风险的大型汽配   D. 低利润、高风险的液体类产品

9. 海外仓的缺点有（   ）。

    A. 必须支付的海外仓储费   B. 海外仓要求卖家要有一定的库存量

    C. 物流成本加大   D. 产品的质量不能保证

三、判断题

1. 邮政网络基本覆盖全球，比其他任何物流渠道都要广。   （   ）

2. 第三方海外仓会把实时的库存信息共享给卖家，卖家根据商品销量和库存预警值确

定是否需要提前准备往海外仓发货。 （　　）

3. 中国商家可以通过物流信息系统，远程操作海外仓储货物，实时管理库存。
（　　）

4. 重量在1kg以内的小包都可以叫中国邮政航空小包。 （　　）

5. Aramex，即中东专线，只可以通达中东国家，不提供去往其他地区国家的物流服务。 （　　）

6. 国际商业快递对私人信函的寄送不受限制。 （　　）

7. 骨灰、兽皮、兽骨等可以通过快递运送。 （　　）

8. 报刊书籍、图片、宣传品和音像制品不受限制，都可以通过快递进行运送。
（　　）

9. SLS平台对COD小包运往印度尼西亚非圆筒形包裹尺寸规定为：单边最长边≤120cm，长＋宽＋高≤150cm。 （　　）

10. 东南亚专线小包禁止危险品运输、禁止仿品及侵权品、禁止生鲜产品和国家及航空禁止运输出口的产品。 （　　）

四、简答题

1. 分析四大国际商业快递的优劣势。
2. 请简述中国邮政航空小包的重量和尺寸限制。
3. 什么是国际专线物流？它有什么优劣势？
4. 海外仓有哪些优点？
5. 适合海外仓的产品有什么特点？

五、案例分析

1. 2020年2月，顺丰紧锣密鼓复航国际航线，新增流向，以助力跨境企业复工复产。在许多国际航线无法正常复航的情况下，顺丰紧急复航"杭州—纽约—杭州"美国货机航线、"无锡—重庆—哈恩—无锡"欧洲货运航线、"深圳—金奈—深圳"印度货运航线；同时，顺丰速运国际快递产品于2020年2月20日新增中国出口至哥伦比亚、秘鲁等17个国家和地区，实现国际快递服务的国家和地区达70个；为了满足跨电商平台客户多样化的需求，提供集运类、海外仓类、电商专递类、小包类产品和服务。

得益于我国电商物流的迅猛发展，我国快递公司加速进入资本市场。到2017年，行业内几家快递公司纷纷上市，布局转型。这意味着未来我国的消费者将享受更加规范化、智能化的快递服务，当然这些公司还需要不断拓展国际市场，加入国际快递公司服务竞争。

问题：

（1）我国主要有哪些商业快递？

（2）我国商业快递的国际化发展趋势是什么？

2. 2022年10月26日，天猫国际海外直购业务正式升级，发布全新品牌"全球探物"。位于日本、韩国、欧洲等六大采购中心的官方采购团队，全球直采威士忌、小众香水、潮玩、数码科技等进口尖货，专机直邮到消费者手中。

目前，天猫国际在全球分布的上百个海外仓内，已备货完成400多万件进口好货。同时，赶在天猫双十一活动前，"全球探物"迎来美国最大的奥莱购物集团SPO（Shop Premium Outlets）官方入驻，超1500个大牌带来当地奥莱折扣价，超10万款奥莱商品全球同步上新。

天猫国际希望通过"全球探物"的跨境直邮方式，让全球海量的趋势尖货和小众特色货品，以更快的速度、更高的效率进入中国市场，让消费者足不出户，探索世界各地好物，体验海外生活方式。

天猫国际有直购、平台、直营三大进口模式，"全球探物"是由海外直购业务升级而来。该模式通过搭建数字化供应链体系，实现海量新品尖货的充足供给，并依托全球六大采购中心及直邮物流网络，让海外商品就近入仓、快速上架、专机直达国内。

在跨境进口市场，人们的消费需求正发生演变。跨境消费进入个性化发展期，消费者更热衷探索和发现海外新奇的商品。据介绍，"全球探物"业务正是在这个需求背景下诞生并快速发展，至今品牌数超1.2万，商品数量3年来扩大了60倍。

问题：

（1）海外仓都有哪些模式？天猫国际打造的海外仓属于哪一种模式？

（2）天猫国际为什么要打造海外仓直购新模式？

技能实操

学生实操手册工单1

姓名		班级		学号	
性别		专业			
工单任务	跨境电商物流渠道运品分析报告				
任务内容	请依据跨境电商主要物流渠道商业快递、专线物流、邮政物流、东南亚小包的优劣势，归纳出各种渠道比较有优势的运品，进行汇报展示（PPT、Word、思维导图等均可）。 注意事项： 1. 在归纳过程中注意对各渠道优势进行比较，挑选出各自最具有优势的产品。 2. 优势产品的挑选可以从商品性质、产品重量、产品体积、运输时效等方面入手。 3. 在归纳COD的过程中，注意充分利用网络资源收集东南亚各国具体情况，针对东南亚各国的实际归纳适合COD模式的商品品类。 4. 阐述清晰，有理有据，专业细致。				
任务要求	格式要求： 1. 字体：微软雅黑。 2. 字号：正文小四。 3. 间距：单倍行距。 内容要求：图文结合、图表结合。 结果要求：依据分析得出具体结论。				

学生实操手册工单 2

姓名		班级		学号	
性别		专业			
工单任务	海外仓调研报告				
任务内容	请对我国近几年海外仓的发展情况进行调查研究，通过互联网资源、速卖通、Shopee 等主流跨境电商平台，以及雨果跨境、福步外贸网等一些外贸类交流平台进行资料搜索。选定一个海外仓发展比较成功或失败的案例，说明其成功或失败之处，进行汇报展示，并做 PPT 汇报。 注意事项： 　　1．案例必须真实存在，不可虚构。 　　2．案例的选择有针对性、典型性。 　　3．案例的选择可以是成功的也可以是失败的。 　　4．阐述需要有理有据（定性定量分析）、专业细致。				
任务要求	格式要求： 　　1．字体：微软雅黑。 　　2．字号：正文小四。 　　3．间距：单倍行距。 内容要求：图文结合、图表结合。 结果要求：依据分析得出具体结论。				

学生实操手册工单 3

姓名		班级		学号	
性别		专业			
工单任务	物流渠道特殊限制调研报告				
任务内容	请对全球跨境电商清关过程中被扣关的情况进行调查研究，登录亚马逊、速卖通等主流跨境电商平台，搜索相关资料。结合中国海关官网，探索和分析常见扣关的物品及扣关的原因，并结合所学的各物流渠道对于品类、重量、体积等限制规定，共同探讨在跨境电商中如何避免海关扣关，并进行汇报展示（PPT、Word、思维导图等均可）。 注意事项： 　　1．海关规定和跨境电商平台规定相结合。 　　2．对经常性发生扣关的产品，或在某些国家经常性发生扣关的产品进行研究。 　　3．将普遍性和特殊性相结合。 　　4．过程清晰，有理有据（定性定量分析），专业细致。				
任务要求	格式要求： 　　1．字体：微软雅黑。 　　2．字号：正文小四。 　　3．间距：单倍行距。 内容要求：图文结合、图表结合。 结果要求：依据分析得出具体结论。				

项目六

跨境电商支付与结算

学习目标

✍ **知识目标**

　↳　掌握跨境电商主流支付与结算方式

　↳　了解常见的国内外第三方支付平台

　↳　了解跨境电商支付与结算的风险与防范措施

✍ **能力目标**

　↳　能够使用跨境电商主流支付与结算方式进行支付与结算

　↳　能够采取防范措施以消除跨境支付与结算的风险

✍ **素质目标**

　↳　明确新时代学生的责任和担当，激发学生的爱国情怀和爱岗敬业精神

　↳　拓宽学生的国际视野，养成诚实守信、认真严谨的工作态度

　↳　增强学生遵章守规的意识和规避风险的意识

主流跨境支付与结算方式	跨境支付与结算的风险及 防范措施
线下支付与结算方式 线上支付与结算方式 国内跨境电商支付与结算平台 国外跨境电商支付与结算平台	跨境支付与结算的金融风险与 防范措施 跨境支付与结算的其他风险与 防范措施

任务一　主流跨境支付与结算方式

案例导入　服务于中国跨境电商卖家的平台品牌 PingPong

PingPong 是一个中国本土的跨多区域收款品牌，致力于为中国跨境电商卖家提供低成本的海外收款服务。目前，PingPong 在全球设有超 20 个分支机构，业务覆盖超 200 个国家和地区，是全球最大的跨境贸易数字化服务商之一。

PingPong 以遍布全球的运营服务网络、主流国家和地区支付牌照和合规资质为依托，围绕跨境电商和外贸企业出海的综合需求，建立了涵盖跨境收款、跨境 B2B 收付款、全球收单、全球分发、供应链融资、海外汇率避险、出口退税、VAT 税务服务、VCC（虚拟信用卡）、SaaS 企业服务等多元化的产品矩阵，可为不同类型的客户提供合规、安全、便捷的一站式数字化服务。

PingPong 与国内跨境出口企业建立了紧密合作关系，旗下产品包括 PingPong 跨境收款、PingPong 光年、PingPong 福贸，收款币种涵盖美元、英镑、欧元、日元、澳元、加元、新加坡元等主要外汇币种，收款平台有 Amazon、Wish、Shopee、Newegg 等主流跨境电商平台。

案|例|思|考

案例中提到的 PingPong 支付属于第三方支付，你知道什么叫第三方支付吗？你还了解哪些第三方支付工具？

▼**任务描述**

在国内从事电商活动，我们使用的收付款方式一般是支付宝、财付通等，不用担心手续费、安全性、即时性等问题。但是把电商范围扩大至跨境电商，收付款就变得不那么简单了。我们需要考虑很多问题，包括国际贸易惯例，不同国家与地区的法律规定，支付与结算币种、方式与途径的选择，以及成本费用、风险防范等问题。熟悉跨境电商主流支付与结算方式的概况和优缺点，能够帮助卖家选择合适的支付与结算方式。

知识铺垫

传统进出口贸易使用较多的是直接支付的方式，也就是通过银行发生的支付。但是传统的跨境电商支付与结算方式不能有效满足小额、高频的跨境电商支付的需求，所以产生了新的跨境电商支付方式，如第三方支付。

学习实践活动

跨境支付与结算是指两个或两个以上国家或地区之间因国际贸易、国际投资等原因所引起的国际债权债务，借助一定的结算工具和支付系统实现资金的跨国和跨地区转移的经济行为。

按照跨境支付与结算发生的渠道，我们可以将跨境支付与结算分为线下支付与结算和线上支付与结算。传统对外贸易支付方式主要为线下支付，现代跨境电商支付方式主要为线上支付，也就是电子支付方式。

一、线下支付与结算方式

传统对外贸易常采用的跨境支付方式，主要包括汇付、托收、信用证三种方式。

1. 汇付（Remittance）

汇付又称汇款，即付款人主动通过银行或其他途径将款项汇给收款人，是最简单的支付方式。汇款业务中通常有四个基本当事方：汇款人、收款人、汇出行和汇入行。

汇付的种类有信汇（M/T）、电汇（T/T）和票汇（D/D），其中最常用的是电汇。国际电汇流程如图6-1所示。

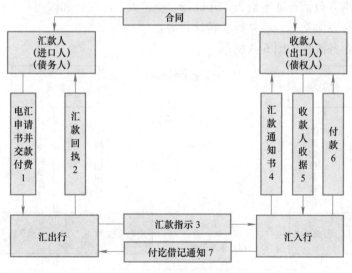

图6-1　国际电汇流程

汇付方式通常用于预付货款、货到付款，此外，汇付方式还用于订金、货款尾数、佣金等小金额的支付。

2. 托收（Collection）

托收是指在进出口贸易中，出口方开具以进口方为付款人的汇票，委托出口方银行通过其在进口方的分行或代理行向进口方收款的一种结算方式。

托收涉及四个主要当事方，即委托人、付款人、托收行和代收行。

托收业务流程如图 6-2 所示。

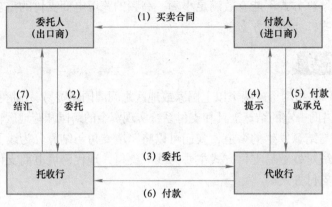

图 6-2　托收业务流程

最常用的托收类型是光票托收和跟单托收。托收方式对买方比较有利，费用低、风险小、资金负担小，甚至可以取得卖方的资金融通。

3. 信用证（Letter of Credit, L/C）

信用证是指由银行（开证行）依照（申请人）的要求和指示或自己主动，在符合信用证条款的条件下，凭规定单据向第三者（受益人）或其指定方进行付款的书面文件，即信用证是一种银行开立的有条件的承诺付款的书面文件。信用证是国际贸易中广泛使用的结算方式。

信用证的当事方包括开证申请人、开证行、受益人、通知行和议付行，以及其他关系人，即付款行、偿付行、保兑行、承兑行、转让行等。

信用证基本业务流程如图 6-3 所示。

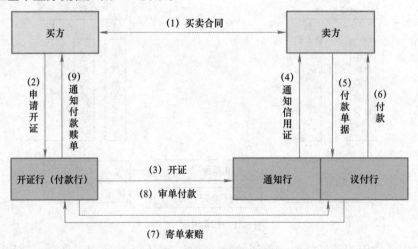

图 6-3　信用证基本业务流程

信用证是一项自足文件，信用证不依附于买卖合同，银行在审单时强调的是信用证与基础贸易相分离的书面形式上的认证。信用证方式是纯单据业务，信用证是凭单付款，不以货物为准，只要单单相符、单据相符，开证行就应无条件付款。

信用证是一种银行信用，是银行的一种担保文件，开证行有首要付款的责任。

二、线上支付与结算方式

随着跨境电子商务，尤其是 B2C 跨境业务的发展，线上支付方式越来越流行。其中，最常用的付款方式有信用卡支付、网络银行支付和第三方支付。

1. 信用卡支付

信用卡是由商业银行或信用卡公司对信用合格的用户发行的信用证明，其形式是一张正面印有发卡银行名称、有效期、号码、持卡人姓名等内容，背面有磁条、签名条的卡片。持有信用卡的用户可以到特约商业服务部门购物或消费，再经银行同商户和持卡人进行结算，持卡人可以在规定额度内透支。

目前，在 B2C 跨境电商交易中，被广泛使用的信用卡有 Visa 信用卡和万事达卡（MasterCard）。跨境电商平台会通过与 Visa、万事达等国际信用卡组织合作，或者直接与境外银行合作，可开通接收境外银行信用卡支付端口，亚马逊、eBay 等跨境电商平台普遍接受主流国际信用卡支付。

在欧美市场，信用卡是一种比较流行的支付方式，使用人数众多，它以银行信用做担保，有利于保障买卖双方的权益。但是，对于卖家来说，使用信用卡的介入方式比较复杂，卖家需要预存保证金，并且信用卡的付款额度偏小。

2. 网络银行支付

网络银行是指利用互联网或通信网络的公共资源及其相关技术，实现银行及客户之间安全、方便、友好的链接，通过网络为客户提供各种金融服务的虚拟电子银行。网络银行通过建立自己的系统，向用户提供开户、销户、查询对账、转账、投资理财等各种服务。

客户只要拥有网银账号和密码，便能在世界各地通过互联网进入网上银行处理交易。因此，与传统银行业务相比，网上银行的优势体现在以下几个方面：①大大降低银行的经营成本，有效提高银行的盈利能力；②无时空限制，有利于扩大客户群体；③有利于服务创新，向客户提供多种类、个性化服务。

3. 第三方支付

第三方支付是指具备一定实力和信誉保障的独立机构，通过与银联或网联对接而促成交易双方进行交易的网络支付模式。在第三方支付模式下，买方选购商品后，使用第三方平台提供的账户进行货款支付（支付给第三方），并由第三方通知卖方货款到账、要求发货；买方收到货物之后检验货物并进行确认后，通知第三方付款；第三方再将款项转至卖方账户。

第三方支付的优势主要表现在以下几个方面：①对商家而言，通过第三方支付机构可以规避无法收到客户货款的风险，同时能够为客户提供多样化的支付工具；②对客户而言，不但可以规避无法收到货物的风险，而且货物质量也在一定程度上得到了保障，增强了客户网上交易的信心；③对银行而言，通过第三方支付机构，银行可以扩展业务范畴，同时节省为大量中小企业提供网关接口的开发和维护费用。

除了以上优势，第三方支付也有其缺点，包括资金风险、信用风险、业务革新、恶性竞争等方面的问题。

目前 B2C 跨境电商交易中常用的第三方支付工具主要有 PayPal、支付宝、Payoneer、WorldFirst、PingPong 等，其中用得最多的是 PayPal 和支付宝。前者主要在欧美国家流行，后者是阿里巴巴旗下产品，主要为中国用户所使用。

三、国内跨境电商支付与结算平台

（一）支付宝（Alipay）

1. 支付宝概况

支付宝（中国）网络技术有限公司（简称支付宝）是国内领先的独立第三方支付平台，由阿里巴巴集团创办。支付宝致力于为中国电子商务提供"简单、安全、快速"的在线支付解决方案。

支付宝从 2004 年建立开始，始终以"信任"作为产品和服务的核心。不仅在产品上确保用户在线支付的安全，同时让用户通过支付宝在网络间建立起相互的信任，为建立纯净的互联网环境迈出了非常有意义的一步。

支付宝提出的建立信任，化繁为简，以技术的创新带动信用体系完善的理念，深得人心。短时间内，用户覆盖了整个 C2C、B2C 及 B2B 领域。支付宝创新的产品技术、独特的理念及庞大的用户群吸引越来越多的互联网商家主动选择支付宝作为其在线支付体系。

2. 支付宝账户注册

要成为支付宝的用户，必须经过注册流程，用户须有一个私人的电子邮件地址，以便作为在支付宝的账户，然后填写个人的真实信息（也可以公司的名义注册），包括姓名和身份证号码。在接受支付宝设定的"支付宝服务协议"后，支付宝会发送电子邮件至用户提供的邮件地址，然后用户在点击邮件中的激活链接后，便激活了支付宝账户，可以通过支付宝进行下一步的网上支付步骤。同时，用户必须将其支付宝账户绑定一个实际的银行账户或者信用卡账户，与支付宝账户相对应，以便完成实际的资金支付流程。

3. 处理方式

第一种方式：买卖双方达成付款意向后，由买方将款项划至其在支付宝账户（其实是支付宝在相对银行的账户），支付宝发电子邮件通知卖家发货，卖家发货给买家，买家收货后通知支付宝，支付宝将买方先前划来的款项从买家的虚拟账户中划至卖家在支付宝账户。

第二种方式：即时支付，交易双方可以不经过确认收货和发货，买家通过支付宝立即发起付款给卖家。支付宝发给卖家电子邮件（由买家提供），在邮件中告知卖家，买家通过支付宝发给其一定数额的款项。如果卖家这时不是支付宝的用户，那么卖家要通过注册流程成为支付宝的用户后才能取得货款。此外，支付宝提供的这种即时支付服务不限于速卖通和其他的网上交易平台，而且还适用于买卖双方达成的其他的线下交易。从某种意义上说，如果实际上没有交易发生（即双方不是交或易的买卖方），也可以通过支付宝向任何一个人进行转账。

4. 支付宝国际账户

针对跨境电商业务，支付宝推出了国际账户。支付宝国际账户是支付宝为从事跨境交易的境内卖家建立的资金账户管理平台，主要包括交易的收款、退款、提现等功能。支付宝国际账户是多币种账户，包含美元账户和人民币账户。目前只有速卖通与阿里巴巴1688会员才能使用。

支付宝国际账户上线后，提现功能较之前有了一些改变，用户提现不再限制在100笔交易金额之内，而是可根据自身需要对账户中"可提现金额"做全部或者部分提现，大大降低了用户的提现成本。

（二）微信支付

1. 微信支付概况

微信支付是腾讯公司的支付业务品牌，微信支付支持线下场所、公众号、小程序、PC网站、App、企业微信等经营场景。随着跨境电商的发展，微信支付平台跨境电商支付与结算业务也逐步发展起来。目前，微信跨境支付已在近50个国家和地区合规接入，支持16个币种直接交易，有8亿名用户绑定了自己的银行卡账户。

作为中国领先的第三方支付平台之一，微信支付为商家提供安全、便捷、可配置的资金管理功能及各种资金应用。除了使用微信支付进行付款，商家还可以在微信支付查询交易订单的情况，包括订单状态、订单支付方式、订单成功时间、订单是否享有优惠等，并可以针对某笔交易订单发起退款。微信支付提供已结算查询、交易账单、资金账单，可以从不同维度辅助商家进行便捷对账。

2. 微信支付在跨境电商支付与结算中发挥的作用

国内消费者熟悉的亚马逊和eBay等跨境购物网站，由于其和腾讯之间的竞争关系及自有支付工具等原因，没有接入微信支付。亚马逊有自带的收付款工具Amazon Pay，eBay也有收付款工具PayPal，各家都支持消费者使用双币信用卡支付。除此之外，部分国外跨境电商平台支持微信支付和国外直邮到国内。

微信支付具备方便快捷、覆盖面广、资金到账快、安全性高等优势。在逐步发展与完善的过程中，微信支付推出跨境支付功能，有助于实现多方共赢。同时，微信支付平台围绕"微信生态"开展跨境支付业务，加大了跨境支付推广力度。

3. 微信支付运作流程

第一步，消费者在境外商家网站或线下实体店通过微信支付使用人民币购物付款；第二步，消费者付款后，款项由微信支付即时从消费者账户中划出，微信支付平台通过合作银行完成购汇，并最终将外币款项结算到境外商家的境外银行账户中；第三步，境外商家收到货款后，向消费者提供外币计价商品。至此整个跨境电商支付与结算业务的流程结束。

（三）连连支付

1. 连连支付概况

连连银通电子支付有限公司（简称连连支付）是专业的第三方支付机构，是中国领先的行业支付解决方案提供商之一。

基于跨境贸易及移动支付高速发展的现状，为满足各企业商家在交易环节中不断增加的收款需求，连连支付打造出以跨境支付、移动支付、O2O 支付、大数据风控为业务核心的全球化支付解决方案，极大地缩短了跨境贸易商家的资金汇兑周期，提升了全球贸易企业的货币处理效率，使互联网交易产业进一步完善。

2. 连连支付的特点

（1）方便快捷　亚马逊平台国内商家通过连连支付提现，最快到账速度为 6～7 秒，一般 2 小时内就能提现到账。PayPal 账户提现的到账时间为 3～4 天，但仍比提现到银行卡的速度要快。

（2）费用低　连连支付的亚马逊提现手续费是 0.7%，与和亚马逊平台官方合作的其他企业相比，连连支付的费用较低。连连支付提现无汇损，无入账手续费，有时官方还会推出免费提现等优惠活动。

（3）安全可靠　连连支付在跨境支付业务的安全性较高，获得了中国人民银行和国家外汇管理局的支付业务许可、跨境人民币结算业务许可和跨境外汇结算业务许可，拥有中国人民银行和国家外汇管理局双重从业许可权威认证，资金操作安全。

（四）PingPong

PingPong 成立于 2015 年，总部位于中国杭州，是一家全球收款公司，为中国跨境电商卖家提供低成本的海外收款服务，支持亚马逊、Newegg、Wish、Shopee 等多家跨境电商平台。

成立之初，PingPong 就郑重承诺，其跨境收款的所有服务费率绝对不超过 1%，且没有隐性费用和汇兑损益。除了颠覆性的低费率外，PingPong 还以"双边监管、100% 阳光透明"的安全和合规标准引领跨境支付行业。

（五）宝付

宝付网络科技（上海）有限公司（简称宝付支付）是一家第三方支付公司，于 2011 年年底获得由中国人民银行颁发的支付业务许可证，是 2017 年首家获批跨境支付资格的机构。宝付支付旨在为个人及企业提供灵活、自助、安全的互联网支付产品与服务。宝付支付提供全年不间断的结算服务，能使商家的资金快速回笼，让电子商务与资金流安全、无缝衔接，同时将"实时清算整体解决方案"作为核心商业模式贯彻落实，使宝付支付的市场规模在近几年来保持了高速的增长势头。

（六）易宝支付

易宝支付是中国行业支付的开创者和引领者，于 2003 年 8 月 8 日成立，总部位于北京，全国设 30 家分公司。

易宝支付作为行业支付专家，在 2006 年首创行业支付模式，陆续推出网上在线支付、信用卡无卡支付、POS 支付、一键支付等创新产品，先后为航空、旅游、教育、电信、保险、新零售、消费金融等众多行业提供了量身定制的行业支付解决方案，为产业转型及行业变革做出了积极贡献，并保持着在行业内的领先地位。2011 年 5 月，易宝支付获得中国人民银行颁发的首批支付牌照，并于 2016 年成功续展。2013 年 10 月，易宝支付获得国家外汇管理局批准的跨境外汇支付业务许可证，2015 年获得跨境人民币支付业务资格。

四、国外跨境电商支付与结算平台

（一）PayPal

1. PayPal 概况

PayPal 是 eBay 旗下的在线支付平台，全球有 200 多个国家和地区在使用 PayPal，是境外用户最常用的在线支付方式之一，可以随时随地付款，促成交易。PayPal 平台登录界面如图 6-4 所示。

图 6-4　PayPal 平台登录界面

卖家注册 PayPal 后就可使用 PayPal 余额或信用卡在线向任何拥有电子邮件地址的人支付款项。卖家可以在网上购物时选择用 PayPal 结账，或使用 PayPal 从全球 200 多个国家和地区接收款项。

使用 eBay 平台销售时选择 PayPal 作为支付方式，或将 PayPal 集成在卖家的网站上，卖家就能通过 PayPal 账户接收全球买家的付款。卖家可以通过转账至国内银行账户的方式从 PayPal 账户提取资金，或选择将余额保留在 PayPal 账户，作为网上购物和支付的资金。

2. PayPal 跨境电商支付与结算业务的优缺点

优点：交易完全在线上完成；适用范围广，尤其受美国用户的信赖；收付双方必须都是 PayPal 用户，以此形成闭环交易，风险控制好；特别适用于跨境电商零售行业，适合小额交易使用。

缺点：手续费高，将外币提现为人民币的手续复杂；对买家过度保护，卖家账户容易被冻结。

3. PayPal 跨境电商支付与结算业务流程

支付与结算业务流程如下：

1）只要有一个电子邮件地址，付款人就可以登录开设 PayPal 账户，通过验证成为其用户，并提供信用卡或者相关银行资料，增加账户金额，将一定数额的款项从其开户时登记的账户（例如信用卡）转移至 PayPal 账户下。

2）当付款人启动向第三人付款程序时，必须先进入 PayPal 账户，指定特定的汇出金额，并提供收款人的电子邮件账户给 PayPal。

3）接着 PayPal 向商家或者收款人发出电子邮件，通知其有等待领取或转账的款项。

4）如商家或者收款人也是 PayPal 用户，其决定接受后，付款人所指定之款项将立即转给收款人。

5）若商家或者收款人没有 PayPal 账户，收款人按照 PayPal 电子邮件内容指示进入网页注册取得一个 PayPal 账户，收款人可以选择将取得的款项转换成支票寄到指定的处所、转入其个人的信用卡账户或者转入另一银行账户均可。

（二）Payoneer

1. Payoneer 概况

Payoneer 是万事达卡国际组织授权的具有发卡资格的机构，是速卖通、亚马逊、eBay 等跨境电商平台推荐使用的支付方式之一。卖家在注册 Payoneer 之后，会自动获得 Payoneer 在当地国开设的银行账号，这些账号可以用来接收来自当地电商平台的销售款项。国内卖家可以将收到的外币自动兑换成人民币并转入自己在国内的银行账户。在开通 Payoneer 之后可以申请实体卡（称为 P 卡），用实体卡可以在全球实体店刷卡消费，也可以在接受万事达卡的自动取款机上取现。Payoneer 平台的登录界面如图 6-5 所示。

图 6-5　Payoneer 平台登录界面

除亚马逊外，Wish、Lazada、Shopee、Cdiscount、Linio、Airbnb、Newegg 等平台都支持 Payoneer。

2. Payoneer 和 PayPal 的区别

Payoneer 和 PayPal 都可以用于跨境电商平台的收款，但它们也有一些区别：Payoneer 只收取来自合作平台的资金，不接受个人转账，中国卖家也不能往里面充值；PayPal 则更开放，不仅支持平台的资金转入，也接受个人转账、收款、付款，因此自建网站的收款就需要使用 PayPal。

（三）西联汇款（Western Union）

西联汇款是西联国际汇款公司的简称，是世界上领先的特快汇款公司之一，拥有全球范围先进的电子汇兑金融网络，代理网点遍布近200个国家和地区。西联汇款官网首页如图6-6所示。

图6-6　西联汇款官网首页

西联汇款分为现金即时汇款和直接到账汇款两类。现金即时汇款有三种方式：西联网点、网上银行和银联在线。

（四）速汇金（MoneyGram）

速汇金是一种个人间的环球快速汇款业务，可在短时间内完成由汇款人到收款人的汇款过程，具有快捷便利的特点。速汇金是与西联汇款相似的一家汇款机构。速汇金在国内的合作伙伴有中国银行、中国工商银行、交通银行、中信银行等。速汇金官网首页如图6-7所示。

图6-7　速汇金官网首页

（五）万里汇（WorldFirst）

万里汇成立于2004年，是一家注册于英国的国际汇款公司，专注于为企业和个人卖家提供国际支付服务。2010年，万里汇进入中国，提供国际电商平台收款及结汇服务，为中国电商卖家提供多币种收款业务，并结汇到中国的银行账户。万里汇官网首页如图6-8所示。

图 6-8　万里汇官网首页

2019 年，万里汇成为蚂蚁金服集团全资子公司。万里汇支持亚马逊、eBay、沃尔玛、日本乐天、Lazada、OpenSky、Newegg、Cdiscount、PiceMinister 等全球 100 多个跨境电商平台、20 多个支付网关（独立站）以及货物或服务贸易的国际汇款。使用万里汇可以最快 1 分钟生成收款账号，提升开店效率，一个账号可以管理多平台多店铺，支持店铺授权或交易明细上传，收款资金快速生成可结汇额度。对于速卖通、Lazada 可以极速收款、实时到账。

任务二　跨境支付与结算的风险及防范措施

案例导入　恶意撤回已付货款，出口企业"钱货两失"

出口企业 A 公司通过某平台收到国外买方 B 公司订单，产品为护目镜，数量为 5500 副，总货值 2 万元。双方约定通过 P 平台进行支付，使用 DHL 国际快递发货。B 公司将 2 万元付至 P 平台后，出口企业 A 公司于 2023 年 6 月发货，B 公司于 7 月份签收货物后上架海外网站进行销售。后续 B 公司称买家对产品给予差评，要求出口企业 A 公司给予折扣，出口企业 A 公司与买方 B 公司达成了给予 700 元折扣的和解协议。

由于 P 平台的规定，款项支付至平台后的 180 天内，买方可申请从平台退款，经 P 平台的审核后方可退款。B 公司通过 P 平台提出退款，但未通过 P 平台的审核。B 公司于次年 1 月通过信用卡撤回款项，P 平台与信用卡发卡方也进行了协商，但未果。最终导致 A 公司"钱货两失"。

案 | 例 | 思 | 考

出口企业 A 公司如何在以后的跨境电商交易中避免类似损失？

任务描述

跨境电商支付与结算环节复杂，参与者众多，不仅涉及跨境交易的直接参与者，还涉及支付机构、银行、海关等间接参与者；在交易过程中会面临许多风险，包括交易信用、网络支付安全、资金管理以及金融、税务、技术等风险，应采取一定的措施进行防范。

知识铺垫

汇率变动是指货币对外价值的上下波动，包括货币贬值和货币升值。引起汇率变动的因素有很多，如贸易、通货膨胀等。汇率波动对跨境电子商务的影响不容小觑，汇率的波动会直接影响企业的利润，甚至可能会导致企业亏损。因此，跨境电商企业需要进行汇率风险管控。

学习实践活动

支付与结算是跨境电商交易过程中的重要环节，跨境支付参与者众多，不仅涉及跨境交易的直接参与者，还涉及支付机构、银行、海关等间接参与者，在整个支付环节中会产生一定的风险。

一、跨境支付与结算的金融风险与防范措施

（一）跨境支付与结算金融风险的概念

跨境支付与结算的金融风险是指在跨境电子商务的交易过程中，在跨境电子商务支付与结算的各个环节，存在的汇率变动、外汇管制、支付许可、结汇成本等金融风险，这些金融风险不仅会对企业造成损失，也会对我国跨境电子商务行业，乃至国家进出口贸易都产生较大的影响。

（二）跨境支付与结算的主要金融风险

1. 汇率变动

汇率变动对跨境电子商务进出口的影响有两面性。例如，人民币对外币贬值，跨境进口商品的性价比有所下降，跨境进口相关平台的销售额会有所下跌；但对于跨境电子商务出口而言，人民币贬值反而是好事，人民币汇率走低后外币反而更值钱了，跨境电子商务出口变得更加有利可图。

2. 外汇管制

我国对于个人结售汇实行年度限额管理，个人年度结售汇限额不超过等值5万美元。通过第三方支付机构进行的跨境电子商务支付，境内消费者在完成订单确认后，需要向第三方支付机构付款，再由第三方机构向银行集中购汇，银行再按照第三方支付机构的指令将资金划入目标账户。这些操作流程中有可能存在洗钱和外汇流失等问题。

3. 支付许可

虽然国内外有很多跨境电子商务支付与结算企业获得了本国、外国的支付牌照，但是随着行业的发展，以及各国（或地区）政治、经济环境的变化，这些企业的支付许可也有可能

面临重新洗牌。届时，这些企业的跨境电子商务支付与结算环节必然会发生相应的改变。

4. 结汇成本

结汇成本在扣除汇率波动的成本后，还包括结算平台手续费和结算的时间成本。纵观目前专做支付或结汇的主要平台，虽然已经有如连连支付、PingPong 这样的企业提供高效的结算服务，但是整个行业的平均结汇手续费还是处于较高水平，这大大降低了跨境电子商务企业的利润。

（三）跨境支付与结算金融风险的防范措施

针对跨境支付与结算的一系列金融风险，跨境电子商务企业以及第三方支付平台可以采取以下措施来防范。

1. 汇率变动风险防范措施

对于汇率变动风险，跨境电子商务企业可以通过密切关注汇率变动、适当提高产品售价等方式来应对。因为汇率波动不受个体企业的控制，跨境电子商务企业要依靠适时换汇或多币种结算进行抵御。

2. 外汇管制风险防范措施

对于外汇管制风险，因为当前我国对跨境电子商务的包容审慎态度，所以暂时还不会出台过分收紧的政策，中小企业仍然可以通过多个个人账户或部分银行的支持政策规避该风险。

3. 支付许可风险防范措施

对于支付许可风险，虽然跨境电子商务支付与结算企业获得了国家的认可和支持，但因为其中也会隐藏风险，相关部门仍然有可能对相关跨境电子商务支付行业进行整顿。对于业务增长比较迅速的跨境电子商务企业来说，可以通过开立不同账户来规避风险。

4. 结汇成本风险防范措施

考虑到结汇成本，建议用户在绑定收款和结汇工具时，考虑其与所在平台之间的关系，以及该跨境电子商务支付与结算公司本身的规模大小。如果该跨境电子商务支付与结算公司与所在跨境电子商务平台之间是从属或者密切合作关系，且本身规模和影响力较大，则可以考虑通过该公司收款结汇。

二、跨境支付与结算的其他风险与防范措施

1. 交易信用风险

在跨境电商的交易过程中，买卖双方都可能存在信用问题，如买家欺诈交易、卖家虚假发货等。并且由于在进行网上交易时，物流与资金流在空间和时间上是分离的，所以如果没有信用保证，网上交易很难进行。再加上网上交易的交易双方很难面对面交流，交易信用风险就很难控制。

可采取以下措施对交易信用风险进行防范：

1）卖家可以采取一些措施鉴别买家是否会因为信用卡被盗或账户被盗而产生欺诈交易。例如，卖家可以通过搜索引擎的 IP 地理定位服务跟踪并核实买家的收货地址。

2）交易存根，建立买家黑名单，限制买家购买条件和通过电话核实买家信息。

3）针对卖家信用风险问题，市场监管部门可以利用网监信息化系统与网络交易平台大数据分析技术，完善对虚假发货行为的监测与监控，以督促跨境电商交易平台加强内部信用管理。

2. 网络支付安全风险

跨境电商支付如果通过线上完成，就需要使用互联网，在支付过程中难免会存在网络安全问题。例如，黑客攻击系统、信息传输系统故障或计算机故障、感染各种病毒及木马程序等。如果出现上述问题，支付信息就可能被泄露、篡改，造成资金被盗取。此外，如果交易双方采取第三方支付工具进行交易支付，支付信息要在不同国家或地区的交易双方、相关银行及第三方平台之间进行传递，一旦某个环节出现问题，将引发网络支付安全风险。

可采取以下措施对网络支付安全风险进行防范：

1）完善跨境电商支付监管体系，建立安全可靠的支付系统。

2）加强跨境电商支付的全方位安全认证。利用人脸识别、指纹识别、声音识别以及口令和位置认证等加密方式优化支付环境，从而提高跨境电商支付系统防病毒、黑客攻击的能力，保护支付信息不被篡改或盗取。

3）在跨境电商支付系统设置终端安全机制，对用户采取统一开放构架，规范电子商务交易双方数据使用的安全标准，完善交易处理流程。

3. 资金管理风险

在跨境电商支付中，若使用第三方支付平台，买家要先将货款汇到第三方机构，然后卖方发货，货物经过物流及报关等程序，当买家收到卖家寄来的货物并确认无误后，指示第三方支付平台将货款打入卖家账户。在此期间，货款是要滞留在第三方支付平台的。此外，部分第三方支付平台对资金提现手续费有特殊规定，很多卖家为了节省提现成本，往往会将资金累积到一定数额后再提现，这样资金也会在第三方支付平台滞留。而资金在第三方支付平台滞留可能会产生资金管理风险。

资金管理风险的防范措施如下：

1）我国的第三方支付机构在与跨境金融机构建立合作关系时，可以简化收付结算、资金到账等流程，提高资金流转的安全性。

2）我国的跨境电商支付工具通常有网络银行、信用卡、电子钱包等方式，在与境外进行交易时，需要搭配使用辅助控件，如U盾、数字小键盘等，以降低跨境电商支付风险，保证资金的安全。

巩固提高

一、单项选择题

1. 下列关于跨境支付与结算说法错误的是（　　　）。

   A. 跨境支付可能涉及外汇管制政策问题

   B. 跨境支付付款方所支付的币种与收款方要求的币种总是一致

    C. 指两个或两个以上国家或地区之间因国际贸易、国际投资及其他方面发生的国际债权债务

    D. 跨境支付实现了资金跨国和跨地区转移

2. （　　　）跨境支付方式是欧美最流行的支付方式，用户人群非常庞大；但接入方式麻烦、需预存保证金、收费高昂、付款额度偏小。

    A. 国际信用卡收款　　　　　　　　B. MoneyGram

    C. PayPal　　　　　　　　　　　　D. 西联汇款

3. （　　　）跨境支付方式是俄罗斯最大的第三方支付工具，其服务类似于支付宝。该系统使客户能够快速、方便地在线支付水电费、手机话费，上网、网上购物采购、银行贷款。

    A. CashU　　　　B. Qiwi wallet　　　C. MoneyGram　　　D. Payoneer

4. 哪个平台使用 PayPal 作为主要的收款途径（　　　）。

    A. 速卖通　　　　B. 亚马逊　　　　C. eBay　　　　　D. 敦煌

5. 亚马逊的收款方式有（　　　）。

    A. 美国银行卡、World First、Payoneer　　B. 美国银行卡、World First、PayPal

    C. World First、Payoneer、PayPal　　　　D. 美国银行卡、PayPal、国际支付宝

二、多项选择题

1. 按支付币种的不同，跨境支付与结算可分为（　　　）。

    A. 人民币结算　　　　　　　　　　B. 外汇结算

    C. 消费者本人支付　　　　　　　　D. 委托第三方支付

2. 跨境电商线上支付可分为（　　　）。

    A. 第三方支付　　　　　　　　　　B. 网络银行支付

    C. 信用卡支付　　　　　　　　　　D. 支票支付

3. 跨境支付与结算金融风险有（　　　）。

    A. 汇率变动　　　　B. 外汇管制　　　　C. 支付许可　　　　D. 结汇成本

4. 目前国际上的五大信用卡品牌：VISA、MasterCard、American Express、JCB、Diners club，其中哪两个品牌为大家广泛使用（　　　）。

    A. VISA　　　　　B. MasterCard　　　C. American Express　D. JCB

三、判断题

1. 随着技术上的创新升级和平台运营越发成熟，第三方支付平台还能够为买卖双方提供越来越多的增值服务。　　　　　　　　　　　　　　　　　　　　　　　　　（　　　）

2. Payoneer 是 eBay 和亚马逊常用的收款方式。　　　　　　　　　　（　　　）

3. 跨境支付业务按照资金流向可分为进口业务和出口业务。　　　　　（　　　）

4. 信用卡付款是中东电商市场的主流付款方式。　　　　　　　　　　（　　　）

5. PayPal 是目前全球使用最广泛的网上交易工具。　　　　　　　　　（　　　）

四、简答题

1. 简述跨境支付与结算的定义，以及跨境支付与结算常见的方式。

2. 什么是第三方支付，第三方支付的优缺点有哪些？

3. 国内外主流的跨境第三方支付与结算平台包括哪些？

4. PayPal 支付有哪些优缺点？

5. 跨境支付与结算过程中存在哪些常见风险，应该如何防范？

五、案例分析

连连国际与 Wish 达成战略合作

2020 年 5 月 27 日，连连国际对外宣布，已与全球知名移动电商平台 Wish 达成战略合作，连连国际正式成为 Wish 官方中国收款服务商，跨境电商卖家可以登录 Wish 后台直接选择连连跨境支付收款通道。

资料显示，2011 年创立的 Wish 是欧美地区领先的移动电商平台，专注以线上购物中心的形式直接向全球消费者提供商品。目前 Wish 已拥有 5 亿注册用户和超过 9000 万月活跃用户，这些用户来自美国、加拿大、欧洲、南美洲、澳大利亚等 100 多个国家和地区。

Wish 相关负责人表示，与连连国际在跨境支付上合作，将为卖家带来更加优质的出海体验，也将通过数字化服务更好地帮助中国卖家走向全球市场。连连国际负责人表示，双方在未来将广开合作路径，共同赋能中国跨境电商卖家。

问题：

本案例中提到的连连国际正式成为 Wish 官方中国收款服务商会给国内跨境电商企业带来哪些便利？

技能实操

学生实操手册工单

姓名		班级		学号	
性别		专业			
工单任务	跨境电商支付与结算实训报告				
任务内容	在了解跨境电商支付与结算定义、主流方式的基础上，熟悉第三方支付平台的代表——PayPal 平台，基本掌握 PayPal 平台的规则及操作方法。通过访问和注册、登录 PayPal 平台，让学生进一步了解 PayPal 平台，掌握 PayPal 平台的账号开通方法，并能够运用 PayPal 平台账号，借助 eBay 平台完成跨境电商交易。 　　操作步骤： 　　1. 进入 PayPal 官网，注册并开通个人账户。 　　2. 登录 PayPal 账户，练习并熟悉付款流程和收款流程。 　　3. 进入 eBay 中国官网，注册并开通 eBay 账户。 　　4. 登录 eBay 账户并绑定 PayPal 个人账户，练习并熟悉海淘流程。 　　5. 根据自己的体验撰写一份实训报告。				
任务要求	格式要求： 　　1. 字体：微软雅黑。 　　2. 字号：正文小四。 　　3. 间距：单倍行距。 内容要求：图文结合、图表结合。 结果要求：依据分析得出具体结论。				

项目七

跨境电商客户服务

■ 学习路径图

认识跨境电商客户服务	跨境电商客服的 工作流程与技巧	跨境电商客服回复常用模板
跨境电商客服概述 跨境电商客服工作范畴 跨境电商客服工作目标 跨境电商客服的作用和意义	跨境电商客服工作流程 跨境电商客服工作技巧	售前咨询回复 售中关联产品推荐回复 售后咨询回复

任务一　认识跨境电商客户服务

案例导入　全球数百万商家信赖的平台——Shopify

Shopify 是一家跨境电商企业，提供在线商店解决方案，帮助企业快速建立自己的电子商务平台。通过提供高质量的客户服务，Shopify 已成为全球数百万企业的选择，这些企业在 Shopify 上建立了自己的在线商店。

Shopify 的客户服务有如下特点：

1）多渠道支持。除了支持通过传统的电话和电子邮件沟通外，Shopify 还提供了多种沟通渠道，如在线聊天、社交媒体和知识库等，以确保客户能够在任何时间和任何地点获取帮助。

2）多语言支持。Shopify 拥有一个多语言团队，能够提供全球多种语言的支持服务。

3）响应速度快。Shopify 的客户服务团队以快速响应客户问题而闻名。他们会在 24 小时内回复客户的邮件或在线聊天，确保客户能够及时获得帮助。

4）专业知识。Shopify 的客户服务团队具备专业知识和技能，能够解决各种技术和营销问题。如果客户需要更高级的技术支持，他们还提供付费服务。

5）反馈和改进。Shopify 的客户服务团队会定期收集客户反馈，并进行评估和改进，以确保他们的服务能够满足客户需求。

由于以上优质的客户服务，Shopify 已成为全球领先的在线商店解决方案提供商之一。客户在使用 Shopify 时，能够获得高质量的支持和帮助，帮助他们成功地建立自己的在线商店。

案|例|思|考

Shopify 从各大电商平台中脱颖而出，被众多企业选择的原因是什么？

▼ 任务描述

客户在境外店铺购买商品，会遇到各种问题，如购前对商品、对店铺相关活动的疑问，付款后对物流状态的追踪，收货后对商品质量及使用的相关问题等。这一系列问题都需要客户与店铺进行沟通后解决。跨境电商客服人员的任务是帮助与服务买家完成整个购买流程，并在此过程中提供周到的服务，以及辅助店铺完成购买追踪与汇总客户信息，帮助企业保障账户安全、降低售后成本、促进再次交易，从而建立客户对商品或服务的忠诚，取得客户信任，赢得市场。

知识铺垫

从广义上讲，任何能提高客户满意度的内容都属于客户服务的范畴。客户服务（Customer Service），主要体现了一种以客户满意为导向的价值观，它整合及管理在预先设定的最优成本——服务组合中的客户界面的所有要素。

学习实践活动

一、跨境电商客服概述

订单小单化、碎片化以及订单数量增长迅速，是目前跨境电商的两大特点。由于跨境电商行业的客服工作所面临的环节多、情况复杂，涉及多种跨境运输渠道，以及不同国别在语言、文化、商品标准与规范上的各种差异，非专业化的客服工作方式已经不能适应行业的发展与客户的需求。

跨境电商的客服工作是卖家和境外客户之间为了达成设定的交易目标，而将信息、思想和情感在卖家和客户间传递，以达成交易的过程，是跨境电商企业在实际运营过程中重点关注的工作，其服务质量在一定程度上决定了客户的购物体验，从而影响客户的复购率和企业的销售业绩。

跨境电商客服属于电子商务客服的一种，是基于互联网的一种客户服务工作。跨境电商客服人员承担着客户咨询（价格、物流）解答、订单业务受理、商品推广、纠纷和投诉处理等职能，通过各种沟通工具与不同国家和地区的客户直接进行联系。跨境电商客服人员是企业的信息传递者，起着承上启下的作用。他们肩负着将客户对商品的建议、对网站平台运营操作的意见等及时传递给公司内部其他相关部门的重任。

二、跨境电商客服工作范畴

客服人员的工作范畴主要包括解答客户咨询、解决售后问题、促进销售、管理监控四个方面。

1. 解答客户咨询

客服人员解答咨询的工作主要包括解答客户关于"产品"的咨询和关于"服务"的咨询。在产品方面，跨境电商客服的工作难度主要体现在产品的种类多、专业信息量大和多国产品规格差异大几个方面上。一方面，跨境电商与国内电商不同，国外客户对"店铺"的概念非常薄弱，所以跨境电商的卖家并非只销售一到两个专业品类的产品，而是涉及多个行业、不同种类，这就使得客服的工作变得更加复杂，要掌握多类产品的专业信息。另一方面，产品规格上存在较大的差异。比如，令许多卖家头疼的服装尺码问题，欧洲尺码标准、美国尺码标准与国内产品尺码标准存在差异；又如，电器设备的标规问题，欧洲、日本、美国电器产品的电压都与国内标规不同，即使是电源插头这样一个小物件，各国也都有较大的差异。这就要求客服人员一方面要充分掌握各种产品信息，另一方面也要把握不同国家的产品规格要求，这样才能完整解答客户疑问，提出可行的解决方案。

在服务方面，与国内电商客服不同的是，跨境电商客服经常需要处理客户对于产品运输方式要求、海关申报清关、运输时间以及产品是否符合其他国家的安全标准等问题。另外，当产品到达国外客户手中后，客户在产品使用中遇到的问题只能通过远距离网络沟通，这就对客服的售后服务能力提出了更高的要求。

2. 解决售后问题

据速卖通平台官方统计，跨境电商卖家每天收到的邮件中有一多半是关于产品和服务的投诉，跨境电商客服人员在日常工作中处理的最主要问题就是售后问题。售后服务是影响买家满意度的重要方面，因此，做好售后服务非常重要。跨境电商的售后服务需要做到以下几点：

首先，跨境电商客服人员要及时与买家沟通。交易过程中最好多主动联系买家，买家付款以后，还有发货、物流、收货和评价等诸多过程，卖家需要将发货及物流信息及时告知买家，提醒买家注意收货，出现问题及纠纷时也要及时妥善处理。这些沟通，既能让买家及时掌握交易动向，也能够让买家感受到卖家的重视，从而提高买家的购物满意度。

其次，跨境电商客服人员要做好产品质量、货运质量监控。发货前要严把产品质量关，在上传产品的时候，根据市场变化调整产品，剔除供货不太稳定、质量无法保证的产品，从源头上控制产品质量；同时在发货前注意产品质检，尽可能避免残次物品的寄出，优质产品质量是维系客户的前提。加强把控物流环节，在买家下单后，及时告知买家预计发货及收货时间，及时发货，主动缩短买家购物等待的时间；对数量较多、数额较大的易碎品可以将包装发货过程拍照或录像，留作纠纷处理时的证据；注意产品的规格、数量及配件要与订单上的一致，以防漏发引起纠纷；在包裹中提供产品清单，提高专业度。

再次，跨境电商客服人员在发货后，要及时跟踪发货动态，并不断告知买家物流状态。

最后，主动化解纠纷。纠纷是大家都不愿遇到的，但也是很难完全避免的。卖家一方面要做好服务，学会预防纠纷的发生；另一方面要与买家做好沟通，主动化解纠纷。这里需要注意以下几点：①承诺的售后服务一定要兑现。②预先考虑买家的需求，主动为买家着想。③当纠纷出现时，主动及时地沟通并努力消除误会，争取给出令买家满意的结果。④对不良的评价及时做出解释。如果一旦被买家打了差评，首先要向买家致歉，如果确实是自己做得不够好，一定要虚心接受，然后改正自己服务中的缺陷。例如，在买家投诉部分收到的货物时，卖家应及时联系买家并询问具体收到的数量，并提出补发或赔偿等解决措施。

3. 促进销售

销售与促销往往被认为只是业务销售人员的工作。但实际上，在跨境电商行业中，客服如果能够充分发挥主观能动性，也能够为企业和团队创造巨大的销售成绩。例如，在客户拍下了产品但还没有付款时，建议客服人员在沟通中注意以下两点：其一，用一两句话概述产品最大的卖点，以强化客户对产品的信心。其二，建议即时付款来确保可以更早地安排发货以避免缺货。不过不建议过分强调，以免让客户感到不愉快。

跨境电商客服对于产品的销售作用不仅仅体现在售前的产品咨询上，更体现在销售后的二次营销上。一次简单的交易到买家确认收货并给予好评后就结束了，但一个优秀的跨境电商客服仍有很多事情可以做。通过买家交易数据的整理，可以识别出那些有潜力持续交易的买家和有机会下大单的买家。从而更有针对性地维系他们并推荐优质产品，从而使这些老买家持续稳定地下单。

另外，据阿里巴巴统计，国外买家中仍然有很大比例的人群习惯于在速卖通平台上寻找质优价廉、品种丰富的产品供应商。这些客户的模式往往是挑选几家店铺做小额的样品采购，在确认样品的质量、款式以及卖家的服务水平之后，这些客户经常会试探性地增大单笔订单的数量和金额，逐渐发展为稳定的"采购－批发供应"关系。由于他们与卖家的接触往往不是通过业务人员，而是通过店铺的客服人员。因此，合格的客服人员需要具备营销的意识和技巧，能够把零售客户中的潜在批发客户转化为实际的批发订单。这就是跨境电商客服的促销职能。

4. 管理监控

由于跨境电商具有跨国交易、订单零碎的属性，在日常的团队管理中往往容易出现混乱的情况。无论是在产品开发、采购、包装、仓储、物流或是海关清关等环节，出现问题的概率都会比国内电商更大。而且，由于环节众多，责任无法确认到位，会导致问题进一步扩张与恶化。若问题出现之后仍然不能被有效地发现和解决，那么对团队来讲无异于一个长期的隐患。环节上的缺陷随时有可能爆发，并造成更加严重的损失。因此，对任何一个团队来讲，团队的管理者都必须建立一套完整的问题发现与问责机制，在问题出现后，及时弥补导致问题的流程性缺陷。

跨境电商客服岗位先天就适合充当这一角色。首先需要明确的是，客服人员并不一定直接参与团队的管理，但是作为整个团队中每天直接面对客户的岗位，是广大客户的直接接触人，是团队中最先意识到问题的人。

因此，跨境电商团队必须充分发挥客服人员的管理监控职能，让客服人员定期将遇到的客户问题进行分类归纳，并及时反馈给销售主管、采购主管、仓储主管、物流主管以及总经理等管理层人员，为这些部门的决策者对岗位的调整和工作流程的优化提供第一手重要的参考信息。

三、跨境电商客服工作目标

除了自己的工作性质和内容，客服人员还需要了解自己的工作目标，也就是客服工作岗位的考核设置，这样才能做到有的放矢。

1. 保障账号安全

由于面向多国经营，各国法律要求和标准制定不一，跨境电商平台对卖家的信誉以及服务能力的要求要高于国内电商平台。以速卖通为例，为了清楚地衡量每一个卖家不同的服务水平和信誉水平，速卖通平台设置了"卖家服务等级"。"卖家服务等级"本质上属于一套针对卖家服务水平的评级机制，共有四个层级，分别是优秀、良好、及格和不及格。在此机制中，评级越高的卖家得到的产品曝光机会越多；平台在对其推广资源进行配置时，也会更多地向高等级卖家倾斜。反之，当某个卖家的"卖家服务等级"处于低位水平，特别是"不及格"层级时，卖家的曝光机会以及参加各种平台活动的资格都会受到较大的影响。

卖家要做的就是通过提高产品的质量和服务水平，不断提升卖家服务等级，以便在平台销售过程中获得更多的资源优势与曝光机会。想要在其他因素相对稳定的前提下达到更高的卖家服务等级，就需要跨境电商客服人员通过各种工作方法与沟通技巧，维持以上提到的各项指标。指标越好，账号的安全度越高。

2. 降低售后成本

相对国内电商来讲，跨境电商的售后成本较高。由于运输距离远、时间长、退货成本高，跨境电商的卖家会比国内电商的卖家更多地使用到"免费重发"或者"买家不退货、卖家退款"的"高成本"处理方式。但如果一个富有经验且精于沟通的客服人员在处理卖家投诉时使用多元化的解决方案，针对不同的情况因地制宜地进行处理，最终可以达到将售后服务的成本指标控制在合理范围内的目的。

比如，一些消费类电子产品或近年来比较热门的智能家居产品，往往由于国产产品缺少详细的英文说明书以及客户缺乏相关产品的操作经验，导致客户使用困难。该类产品的投诉会比较集中在使用方法的不明确上，某些缺乏耐心的客户可能就会提出问题，甚至要求退款。这时如果客服人员通过巧妙的方式，用简单易懂的语言向客户说明产品的使用方法，解答产品本身的技术性问题，使客户理解整个使用过程并接受产品，则会达到零售后成本的效果。

3. 促进再次交易

跨境电商的客服人员一方面可以通过交流与沟通，促成潜在批发客户的批发订单成交；另一方面也可以有效地帮助零散客户再次与店铺进行交易，变成具有"黏性"的老客户。这个目标可以通过以下途径实现：首先，跨境电商客服帮助客户完美解决各类问题，客户往往对卖家的信任度会显著增加，逐渐转变成忠实客户。其次，跨境零售电商行业中有大量的国外批发买家在搜寻合适的供应商。无论是售前还是售后的咨询，这种客户更关注的是卖家产品种类的丰富度、产品线的开发拓展速度、物流与清关的服务水平和批发订单的折扣力度与供货能力等。一旦发现这种客户，如果客服人员能够积极跟进，不断地解决客户的疑惑与顾虑，最终将会促成批发订单的成交。最后，客服人员与营销业务人员配合，巧妙使用邮件群发工具进行宣传，一方面可以通过有效且精致的营销邮件群发，增强客户的黏性；另一方面也可以通过发放优惠券的形式促使客户参与店铺的各种促销活动，促进客户回店再次下单。

四、跨境电商客服的作用和意义

随着跨境电商行业的竞争越来越激烈，优质的客户服务显得越来越重要。提高客户服务质量，建立客户对商品或服务的忠诚度，可以争取客户信任，赢得市场。具体来说，跨境电商客服的作用和意义包括：

1. 帮助塑造企业形象

客户在购买商品的过程中能感受到跨境电商客服人员的服务态度、服务方式、服务水准与质量等，会对优质的客户服务做出正面的评价。因此，优质的客户服务有助于企业树立良好形象，良好的企业形象可以提升客户信任程度，提高企业的销售量，为企业赢得客户口碑。

2. 提高成交率

跨境电商客服人员是企业的形象代表，也是企业的一线人员，是企业直接接触客户的群体。其服务质量的好坏直接影响客户满意度，从而影响销售的成交率。客服人员及时、耐心地解答客户的问题，让客户觉得放心可靠、服务质量好，可以促使客户购买。相反，客服人员服务态度冷淡，不回应客户的咨询，客户就会转而关注其他服务好的店铺，造成订单流失。

3. 提高客户回头率

跨境电商行业的竞争非常激烈，企业获取新客户的成本比赢取回头客的成本要高得多。

这是因为企业需要在店铺引流、营业推广等方面花费大量的成本以吸引新客户，而把初次购买客户转变成回头客，甚至铁杆粉丝，除了商品自身质量好和定期对客户赠送福利以外，优良的服务质量就成为关键。企业要通过各种方式提高跨境店铺的售后服务质量，提升企业的综合售后服务水平，给客户提供优质的购物体验，赢取客户的再次购买，为企业赢取长期利益。

4. 带来更好的客户体验

跨境电商企业应建立一套完整的服务体系，包括售前、售中与售后等环节的服务内容，满足客户的服务需求。例如，客户在线购买时只能凭商品图片或视频判断商品是否符合要求，可能会因不确定而放弃购买。但优秀的在线客服人员能满足客户的需求，并对其产生的疑问一一给予解答，为其提供贴心的帮助，弥补客户在线购买体验不佳的不足。

任务二 跨境电商客服的工作流程与技巧

案例导入 为每个客户提供超越期望的服务——美捷步

美捷步（Zappos）是一家美国跨境电商企业，创立于1999年，主要销售鞋类和配件。他们始终把关注点放在发展客户关系和建立客户信任上，把用于购买电子商务流量、宣传、广告代言等市场和公关传播的费用全部取消，拿来专门补贴客户服务，从而把客户的体验做到极致，让满意的客户、超出服务期望的客户、快乐的客户，来为它做免费的口碑宣传。

美捷步有一个"三双鞋"服务条款，鼓励客户一次定购三双不同的鞋子，让客户搭配三套不同的衣服试穿，然后把不合适的鞋子都寄回来。这些全都是免费的，客户不需要为此承担任何风险。

珊蒂是一名美国房产销售员，在意大利旅游时看到一双手工马靴，回国后对那双靴子朝思暮想。她跑了许多鞋店都没找到，相同的款式。在朋友的建议下，珊蒂拨通了美捷步的电话。电话那头的声音愉悦亲切，两人从马靴开始，一路聊到彼此的旅游经验。挂断电话，珊蒂的郁闷一扫而空，看看时间，两人整整通话了四十分钟。

五天后，珊蒂收到一个包裹，打开一看，她忍不住叫出来：里面装了三双靴子，正是她在意大利看到的那一双，颜色、款式丝毫不差；另外两双则是不同的尺寸，供她试穿。

原来，美捷步的客服人员挂断电话后，立刻将三个尺寸的鞋子寄到了珊蒂手中。她可以试穿后再退回，完全免运费，且一年内不满意还可以全额退款。

案 例 思 考

美捷步从诸多跨境电商企业中脱颖而出的核心因素是什么？

▼ 任务描述

客服在跨境电商交易过程中，扮演着至关重要的角色，因为客服人员需要和客户直接沟通，客户有什么问题也会直接联系客服人员。熟悉跨境电商客服流程非常重要，跨境电商客服人员需要具备售前、售中和售后的客户服务工作能力，同时能够灵活运用跨境电商客服工作技巧。

知识铺垫

跨境电商客服业务范围主要包括为店铺做推广与答疑、在销售一线汇总客户的问题与反应、监控商品物流信息等。客服人员作为"中介"，负责整合店铺对内与对外的业务需要，联通客户与店铺的沟通与处理双方的诉求。

学习实践活动

一、跨境电商客服工作流程

跨境电商客服工作流程主要包括售前、售中和售后三个部分。

（一）售前

售前客服是店铺的形象，是和客户直接交流的重要角色，首要的工作就是要做好消费者购物的引导工作，做到"不放过每个进店的客户"，并且尽可能提高客户进店购物的客单价，提高全店的转化率。跨境电子商务售前客服的工作主要包括三个方面：解答客户咨询、购买引导和及时登记汇总信息。

1. 解答客户咨询

产品知识是客户服务的一个重要方面，售前客服需要熟知在售产品属性，包括产品的外观、安全性、质量、价格、使用方式、售后服务等，同时应对产品的上架时间、库存信息、付款方式、跨境物流配送方式、运输时间等有充分的认识，以便能快速准确地答复客户。客服人员应该及时学习相关知识，客服主管应该及时组织培训，避免学习不及时造成店铺损失。

2. 购买引导

和客户聊天的过程中，跨境电商客服要保持良好的心态。针对不同的客户，采用不同的聊天方式去沟通，发现客户的需求点，有针对性地进行营销介绍，投其所好，引导客户下单。有机会再向客户推荐其他热销或者关联产品。对于未及时回复或未成交客户，主动与其交流，争取销售机会。对于不在线客户，要善于使用技巧性留言促成二次营销。

3. 及时登记汇总信息

商品在下单之后，一定要和客户核对一下收货的信息是否准确无误，及时做好客户信息记录并存档，以便后期查询。客户下单，12小时之内没有付款的，应该及时和客户联系，适当催单。将客户信息进行登记汇总有助于对客户进行分类，有利于后续产品和服务的改进。

（二）售中

售中客服工作是指客户下单后卖家及时修改价格、沟通付款事宜、包装商品以及发货过程中的客服工作。

1. 及时修改价格

在客户下单后，客服人员应该在第一时间内查看订单，并且如果需要，及时修改价格以反映实际价格或特别优惠。如果出现价格错误或计算错误，客服人员需要及时与客户联系，协商价格或退款事宜。

2. 沟通付款事宜

客服人员需要与客户确认付款方式和付款细节，包括支付方式、货币种类、汇率、付款截止日期等。如果客户需要特殊的付款安排或协助，卖家需要积极提供支持和帮助。

3. 包装商品

卖家需要在发货前仔细检查商品，确保商品的质量。同时，卖家需要根据商品的特性和运输方式，选择合适的包装材料和方式，以保证商品在运输过程中的安全和完整。

4. 发货过程中的客服工作

卖家需要在发货过程中与客户保持沟通，及时提供物流信息和更新订单状态。如果客户在收到商品后发现任何问题，卖家需要及时回应和处理，以保证客户的满意度和忠诚度。

（三）售后

售后客服是指客户购买的商品发货以后，所进行的一系列销售服务，包括物流跟踪、产品答疑、购物纠纷解决等工作。

售后工作是一次交易的最后过程，也是再销售的开始。当客户购买的产品或服务出现问题时，客户不一定会向店铺进行投诉，但会告诉家人、朋友或者其他有购买意愿的人，这样他们可能会选择不再购买相同的产品或者选择在其他渠道进行购买。同样地，当客户得到良好的服务体验或者对产品非常满意时，也会乐意向同事或朋友进行推荐。如何处理售后问题将影响商家能否长期留住客户，同时还将对其他潜在客户产生深远影响，因此，售后客服人员需要始终如一地提供优质的服务。售后客服工作主要包括以下内容：

1. 退换货服务

如果客户在收到商品后发现质量问题或不符合描述，卖家需要提供退换货服务。卖家需要及时回应客户的投诉，并尽快处理退换货事宜，同时确保商品能够安全返还或回收。

2. 售后保修服务

如果商品存在质量问题或损坏，卖家应提供售后保修服务。卖家需要及时回应客户的请求，并提供修理、更换或退款等服务，确保客户的权益得到保护。

3. 物流跟踪服务

在商品发货后，卖家需要提供物流跟踪服务，及时更新订单状态和物流信息。如果出现物流延误或其他问题，卖家需要及时与客户联系并提供解决方案，确保商品能够及时、安全地到达客户手中。

4. 咨询和技术支持服务

如果客户在商品使用过程中遇到问题或需要技术支持，卖家需要及时提供相关咨询和技术支持服务，以确保客户的满意度。

5. 客户评价管理

客户反馈为商家提供评估其产品或服务是否符合客户期望所需的信息，通过客户反馈可以衡量客户满意度水平，因此卖家需要对客户评价进行跟进和管理，及时回复和处理客户反馈和投诉，并利用客户评价改进产品质量和服务水平。

小资料 售后客服人员的基本职业素养

（1）把客户放在第一位　在交易过程中很容易产生问题，比如物流、产品以及很多不确定因素造成的问题，在面对这些时要秉承客户至上的理念，积极处理问题，不拖沓、不埋怨。

（2）分析和解决问题的能力　作为售后客服要有分析和解决问题的能力，站在客户的角度，帮助客户解决一些实际问题。

（3）沟通协调能力　作为售后客服要懂得怎么才能做到有效沟通，了解客户想要解决的问题，并且快速有效地处理。

（4）熟练的业务能力　面对问题可以快速做出反应，有效解决问题，节约成本，使客户得到优质的体验。

（5）控制情绪，理性处理　作为客服，在进行售后服务时会遇到较多释放不满情绪的客户，此时我们要保持良好的心态，不能带入个人情绪，通过耐心细致的服务安抚客户情绪。

二、跨境电商客服工作技巧

（一）促成交易的技巧

虽然跨境电商客服人员主要是为境外客户提供服务的，但是由于境内从事跨境电商的大多数是中小型企业，许多跨境电商客服人员通常身兼平台商品销售和运营等多个职务，因此，跨境电商客服人员需要具备促成交易的销售技巧。

促成交易是指客户同意并接受客服人员的建议，购买其推销的商品或服务的行为过程，这是整个销售过程中的重要部分。促成交易的具体表现为签订销售合同、支付货款等。当客户与客服人员联系，谈到以下几个方面时，客服人员就应判断客户的购买意向，利用与客户在线或邮件沟通的机会，促成客户下订单。例如，客户询问商品的款式、型号、颜色、包装等并提出修改意见或要求，客户对商品进行讨价还价，客户讨论交货期、物流运输、维修保养等细节，客户对商品提出异议等，这些都在提醒客服人员需要运用相应的方法来促成客户下订单。

促成交易的主要方法有以下 6 种：

1. 请求成交法

请求成交法又叫作直接成交法，是客服人员主动提出成交要求，要求客户购买商品的成交方法。这种方法适用于老客户或当客户已经提不出新的异议、想买又不便主动开口时，客服人员可利用请求成交法，以节约时间，结束推销过程。请求成交法的优点是可以快速地促成交易，节省销售时间；缺点是可能破坏销售气氛、引起客户的反感等。

2. 假定成交法

假定成交法又叫作推定承诺法，是指客服人员在假定客户已经同意购买的基础上，通过讨论一些具体问题而促使订单成交的方法。这种方法的优点是通过逐步深入的提问，提高客户思考的效率，将会谈直接带入实质性阶段，节省销售时间；缺点是洽谈过程中可能产生过高的成交压力，破坏成交气氛，不利于进一步处理客户异议，可能会让客服人员丧失成交的主动权。假定成交法适用于那些依赖性强、性格随和的客户，以及一些老客户。

3. 选择成交法

选择成交法也称有效选择成交法，是指客服人员为客户设计出一个有效成交的选择范围，引导客户在有效成交范围进行交易的方法。它的优点是客服人员掌握主动权，留有一定的成交余地，减轻客户心理压力；缺点是当客户不接受选择范围时，或选择范围太广，让客户无所适从时，会失去购买的信心。因此，选择成交法适用于那些客户已接受推销建议，或已具备购买商品的决心，只是在选择型号、交货时间等方面存在疑惑时使用。

4. 优惠成交法

优惠成交法是假定客户有求利的心理，客服人员通过向客户提供一些优惠条件，促成客户下决心购买的方法。其优点是客服人员可在短时间内出售一些滞销品，减轻库存压力，加快存货周转速度；缺点是通过给客户让利来促成交易，将导致销售成本上升，若没有把握好让利的尺度，还会减少销售收入。此外，采用优惠成交法，有时会让客户误以为优惠商品是次品而不予信任，从而丧失购买的信心，不利于促成交易。

5. 试用成交法

试用成交法是指客服人员先想方设法把商品寄给客户，让客户使用一段时间后促使客户做出大批量购买决定的方法，这在外贸销售中同样适用，也就是跨境电商客服人员经常说的寄送样品给境外客户试用。当商品单价比较低、客户有购买意愿，但又下不了决心时，可建议客户少买一些试用。由于样品要寄送到境外，许多跨境电商客服人员会建议客户自行承担运费，但此做法会让一些有购买意向的客户流失。因此，跨境电商客服人员可借此询问境外客户近期是否有其他货物从中国运走，可把样品放在客户同批货物中一起寄给客户。

6. 最后机会成交法

最后机会成交法是指客服人员直接向客户提示最后成交机会以促使客户立即购买推销品的方法。这种方法利用了人们的忧虑心理。客服人员可告知客户现在是购买商品最为有利的时机，以此来促成交易。客服人员可施加某种压力，让客户有种"过时不候"的心理暗示，促成交易。

（二）在线沟通的技巧

客服人员与客户的在线沟通是跨境电商交易过程中的重要步骤，一个有着专业知识和良好沟通技巧的客服，可以打消客户的很多顾虑，促成客户的在线购买行为，从而提高成交率。

因此，跨境电商的在线沟通技巧就显得尤为重要。

1. 时刻遵守沟通国际礼仪

与面对面的沟通不同，在网络上客服的沟通礼仪更强调书面语言的规范性，而对于跨境电商沟通来讲，掌握国际化礼仪则显得尤为重要。

例如，在对客户的称呼问题上，不管客户是首次进店还是复购，若客户称呼客服"Dear A"，那么客服的回复也应对应为"Dear B"。若回复客户"Hi, B"，可能会让客户感到不愉快。以此类推，如客户在邮件中以"Hi, A"作为邮件开头，那么客服的回复也当对应为"Hi, B"。

而在接到初次光临客户的咨询时，客服回答的第一句应该是："Thank you for your interest in our item."或者"Thank you for your inquiry."若对方是之前光顾过的客户，此次再次光临时，客服的回复应为："Nice to see you again! Is there anything I can do for you?"这样的回答，可以给客户一种亲切感。客服的服务态度影响着客户购物的心情。

2. 清楚地向客户表达意见和建议

在和客户交流时，要清楚地表达自己的想法和建议。比如，产品的价格只能低到这里，不能再变了，如果现在下单的话，可以赠送小礼品等。

另外，碰到自己不了解的问题时，可以直言不讳地告诉客户：我会把这个问题记下来，搞清楚后回答你。千万不要不懂装懂，也不要含糊不清地回答，更不要说些废话避开客户的问题。同时，在回答客户的问题时也要注意，不要做绝对回答，如我们的质量绝对没问题、我们的服务绝对一流等。不要把自己的语言绝对化。

3. 学会换位思考

学会站在客户的角度为客户着想，尽可能回答客户的问题，要让客户感觉到，你是在为他的利益着想。例如，当收到客户的询问时要在第一时间进行回复，在回复时可以说："Sorry for the late reply."如果暂时不能回复，需要告之回复的时间，因为在几个小时之后甚至几天之后回复的信息会让客户感觉不被尊重。

4. 沟通语言言简意赅

在网络沟通中，英文表达的简洁明了尤为重要，专业、明了的表达往往会达到事半功倍的效果，而含糊、业余的表达则会减弱客户的信任。

5. 客户提问时回答要全面

回答的全面并不是让你滔滔不绝，也不是回答的越多越好，而是要针对客户的问题，特别是关键问题给予全面的回答，不要有所遗漏。针对客户对于产品价格、性能等方面的提问，最好一次性将客户的问题回答完，这样既可以让客户感受到你的专业性，又可以避免因反复多次询问和回答而导致的时间浪费。

6. 要善于利用表情符号

表情符号是表达情绪和态度的重要工具，在互相无法看见对方的网络沟通中，表情符号成为必不可少的表达礼貌的方式。文字有时候并不能准确表达一个人的心情，有时候还可能造成误解，然而表情符号却不同。所以在沟通的过程中，善于利用表情符号是一个重要的技巧。

小资料 在线聊天解决方案助力客户满意度提升

（1）更快的响应速度 客户无须等待电子邮件回复，不必使用语言自动导航系统，也不用收听预先录制的消息或在线长时间等待。客服团队可以根据客户需求，使用聊天机器人（Chatbots）和一键聊天（Click-to-Chat）等在线聊天工具为他们提供帮助。共享屏幕、远程协助和远程视图等交互方式，可以帮助客服人员立即查看客户陈述的问题，并告诉他们在哪里可以找到他们需要的东西，以及如何更快地解决他们的问题。

（2）及时响应 客服人员能够根据客户需求利用聊天机器人和一键聊天等工具解答客户疑问。移动聊天和广泛的平台支持使客户能够从移动设备或计算机的各种平台（如iOS、Android、Mac或PC）中快速接触到客服代表。

（3）减少工作量 在线聊天解决方案使客户无须拿起电话、发送电子邮件或离开企业网站即可与客服人员进行互动。聊天机器人和一键聊天等工具可以使网站访问者的问题轻松快捷地获得解答。

（4）更高的"首次解决率" 在使用在线聊天时，客服人员能够通过音频和视频聊天、共享屏幕、文件传输、远程协助和远程视图等来向客户展示说明，毕竟一张图片胜过千言万语，这让他们能够更有效、迅速地解决客户问题，大大提高"首次解决率"。

（5）具备解决各种问题的能力 一般来说，面对面或音频对话才是更方便地解决问题的方法。在线音频和视频聊天功能使客服人员能够从传统的打字聊天无缝转换为音频或视频呼叫。同时，共享屏幕、文件传输、远程协助和远程查看等功能可以帮助客服人员查看对方文档或共享其计算机屏幕以及文档，以便指导帮助客户完成操作流程。这些功能组合在一起，有助于解决单一渠道无法解决的问题。

（6）更多个性化服务体验 音频和视频聊天、共享屏幕、远程协助和远程查看等功能让客户和客服人员进行更清楚有效的沟通，就好像客服团队就坐在客户面前一样，可以准确及时地提供客户需要的东西。

任务三 跨境电商客服回复常用模板

案例导入 跨境电商典型投诉案例

某日，广东省的李先生投诉称，自己于今年5月在某平台购买了一副价值八千多元的镜框，但从购买后到现在一直没发货，也一直不给退款，截至李先生的投诉日，已经超过四个月了。李先生每次和人工客服交流都很困难，人工客服一直以"平台系统升级"为理由拖着不退款，平台一直也没有合理的退款窗口。涉及的货值已经超过八千元，属于网络欺诈的行为，李先生的诉求是：平台马上退款并且赔偿损失。

近日，重庆市的温女士投诉称自己在某平台购买的高跟鞋，内部褶皱，两只鞋子的新旧程度不一，最重要的是一只鞋的鞋跟不平，走路晃动。有大量视频可以证明，鞋子的瑕疵非常明显，但平台以不接受视频为由推脱售后，提供照片平台又说看不出来不承认。温女士表示十分生气，希望能够得到公正的处理。

案|例|思|考

假设你是跨境电商店铺的客服人员，如果遇到上述情况，会如何应对？

任务描述

客户在境外店铺购买商品会遇到各种问题，如购前对商品的疑惑、对店铺相关活动的疑问未得到解答，付款后无法对物流状态进行追踪，收货后对商品质量及使用存有疑问等。跨境电商客服人员需要掌握邮件回复模板，处理售前、售中、售后涉及纠纷和申请修改中差评等问题。

知识铺垫

客服邮件要以解决问题为目的，一定要通俗易懂，不需要太多华丽辞藻，简短地回答客户的问题即可。

学习实践活动

一、售前咨询回复

客户在购买产品之前，经常会向客服人员咨询各种各样的问题。销售前与客户沟通质量的好坏对店铺的销量有很大影响，尤其是在当前市场竞争激烈、商品同质化严重的背景下，打动客户、促使客户下单购买，不仅依靠网店的产品图片、宣传广告，更需要优质的客户服务。售前客服人员专业、耐心的回复能赢得客户的信任，从而促成订单转化。

（一）关于产品信息的回复

一般来说，境外客户在下单前对产品的信息咨询主要集中在产品颜色、尺码、材质、运费、库存、价格等方面，如果客服人员能够了解客户的各种疑问，并及时、有针对性地打消客户的疑虑，就会有利于双方达成交易。产品信息回复主要包括产品规格回复和产品质量回复两部分内容。

1. 产品规格回复

产品的规格一般包括尺寸、外观、功能、颜色等，客户在购买产品时可能会反复确认产品的规格信息，客服要重视每一位客户的提问，并尽自己最大的能力去解答客户的疑问。

模板：

感谢您对我们的产品感兴趣，我们很高兴地告诉您这个类型的产品有 4 种颜色：黑色、绿色、白色、黄色，所有的颜色都有库存，您可以直接在店铺下单。

我们收到您的付款后会尽快给您安排发货。如果您有任何疑问，请在此处留言，我们将在 24 小时内给您回复。

2. 产品质量回复

对于客户来说，线上购物最大的顾虑就是产品的质量问题。面对客户的质疑，客服一定要保持耐心，详细向客户说明，消除客户的疑虑，这样才能达到服务的效果。由于产品的类型不同，客户对产品质量的顾虑也是不同的，卖家在消除客户顾虑时，除了向客户强调产品本身质量的可靠外，还可以从产品的品牌、产品的好评以及针对该产品提供的服务保障等方面入手，逐步取得客户对产品的信任。

模板：

请您不用担心，我们的产品是通过××××认证的，所有产品都有质量检测证明，详情页中有检测报告书。您也可以看一下我们的买家秀，很多顾客对我们的产品十分满意。另外，我们还会提供三包售后服务。如果您对产品不满意，也可以申请退货。

如果您有任何疑问，请在此处留言，我们将在 24 小时内给您回复。

（二）关于促销活动的回复

客服在与客户沟通时，有相当一部分客户首先询问的就是有没有促销活动。下面介绍两种常见的促销活动回复方法。

1. 关于索要优惠券的回复

店铺优惠券是店家推出的可以抵用现金的虚拟电子券，使用这种电子券可以直接在需要支付的金额中减免一部分的费用。大部分店铺都会准备一些小额的优惠券，这样不仅可以避免因为拒绝客户的要求而让客户感到不舒服，还能让客户按照优惠券的使用条件尽可能多地在自己店铺进行消费。

模板：

您看中的这款产品正是我们店铺中最畅销的，目前已经是最低价了，但我们还是为您准备了专属优惠券，使用优惠券下单更划算。如果您有任何疑问，请在此处留言，我们将在24 小时内给您回复。

2. 关于索要赠品的回复

当遇到客户购物金额未达标却索要赠品，且差值较大时，客服可以鼓励客户继续下单，减少差额，这样不仅不会让客户感到不舒服，还能让客户按照赠品的获得要求尽可能多的在店铺购买产品，增加下单量。

模板：

真的很抱歉，我们的赠送是有满额要求的，您现在购买的金额还未达到赠送要求。您可以再看看我们店的其他产品，现在刚好做活动，满足金额要求后我们会赠送相应礼品给您，祝您购物愉快。

（三）关于物流信息的回复

与国内物流相比，跨境电商国际物流的程序更为复杂、流程更多，同时还涉及多国的海关，这也是跨境电商客服会经常遇到客户咨询物流信息的原因。常见的物流信息咨询回复有两种：要求免邮费回复、物流周期回复。

1. 关于要求免邮费的回复

由于过境交税等原因，有时邮费较贵，甚至会超过购买产品的价格，但是仍然会有客户询问是否可以免邮费。这个时候客服的态度不能太强硬，可以委婉拒绝，也可以在保证产品利润的情况下适当给客户打个折扣，给客户留下良好印象。

模板：

我很抱歉，由于运输成本较高，您的寄送地址不能免运费，但是我们可以在运费上给您×%的折扣，希望您满意。如果其他事情我能提供帮助的，可以随时与我联系。

2. 关于物流周期的回复

有一些客户会因为担心物流周期的问题迟迟不肯下单，客服应该向客户详细讲解物流的相关事项，彻底打消客户对物流的疑虑，促使他们尽快下单。

模板：

感谢您对这款产品的喜爱，只要您现在下单，我们会在×天之内为您发货。我们会通过××××物流将其发送给您。根据我的经验，这将需要1～2周时间。我们也会随时跟踪产品的运输情况，保证产品及时送到您手中。如果您有任何疑问，请在此处留言，我们将在24小时内给您回复。

二、售中关联产品推荐回复

经常会有一些客户进店后对某一款产品感兴趣，会在站内信里留言或者在即时聊天工具中询问具体情况。如果卖家帮客户解除了疑问，则客户下单的机会就会变大，卖家可以顺势利导，把与该产品相关联的产品推介给对方。

关联产品主要包括以下三类：

1. 同类产品关联

假如你的产品是外套，那么在关联时则可以将风格相似、价格相当的产品放在一起进行推荐，它们作为替代品可以给消费者提供更多的选择。

2. 互补类产品关联

功能互补：如围巾和手套、帽子互补，上装和裤子、半身裙等下装互补。价格互补：一般买家在凑单或接近优惠门槛的时候会选择价格互补的商品。属性互补：在个护日用品行业比较常见，比如不同容量的洗发水和洗衣液，可推荐多种款式供消费者选择。

3. 爆品新品关联

店铺可以考虑在进行活动推广时，将爆款产品作为主推产品之一，同时把部分新品作为次推产品，一方面丰富店铺的品类，另一方面为打造爆款做准备。这样的搭配，可以通过爆款的高人气带动新品的转化。

通过关联推荐，可以增加店流量，降低跳出率，提高产品客单价。客服人员把握好时机进行推荐，能够有效提高订单成交率，如客户看到其他产品时主动询问、客户乐于与客服进行交流时，或是通过交流了解到客户的喜好后进行推荐。

模板：

感谢您对我们产品感兴趣，这条短裙是我们本季的热销款，和您之前看上的衣服很搭。现在刚好做活动，购买两件可以打八折，所以购买一整套会更划算。

现在下单，我们会尽快给您发货。如果您有任何疑问，请在此处留言，我们将在24小时内给您回复。

三、售后咨询回复

（一）退换货处理

跨境电商平台售后服务直接关系着客户的购物体验，从而影响卖家账号的表现和安全。收到客户的退换货申请时，客服人员需要先了解客户退换货的原因，通过与客户交流，明确退换货的责任归属。退换货的原因主要分为以下三类：客户原因、产品原因和物流原因。

1. 客户原因

因客户自身原因而产生退换货的情况主要有下错订单、产品不合适、试用后无理由退货、客户反悔、问题客户这五种：

1）下错订单：即客户拍错了产品，或对相同的产品重复下单。

2）产品不合适：即客户收到产品后，发现颜色、尺寸等不合适。

3）试用后无理由退货：可能不再需要，也可能试用后觉得不喜欢。

4）客户反悔：即客户下单之后，在其他平台或店铺发现价格更优惠的同款。

5）问题客户：即客户借由平台宽松的退换货政策，恶意购买产品，频繁退换货。

2. 产品原因

因产品原因而产生退换货的情况主要有质量问题、与描述不符、产品遗漏这三种：

1）质量问题：即产品质量不过关，或者存在侵权和假货的情况。

2）与描述不符：通常是因为产品描述不准确，过于夸大或过于简单。

3）产品遗漏：即对于一些组合的产品以及分开寄送的产品产生漏发。

3. 物流原因

因物流原因而产生退换货的情况主要有产品破损、运输时间过长以及货物丢失这三种：

1）产品破损：即包装材料过于单薄，导致产品在运输过程中破损、变形。

2）运输时间过长：即物流公司配送速度过慢，买家耐心耗尽。

3）货物丢失：即无法跟踪包裹物流信息，或是经跟踪后发现物流公司将包裹丢失。

若出现退换货问题，客服人员必然要与客户进行沟通，特别是客户自身原因导致的退换货，需要客服人员有技巧地与客户交流，处理措施既要符合店铺关于退换货的规定，也要让客户感到满意。

在与客户沟通退换货时，客服人员可以参考的基本思路有：首先，对客户的情况表达歉意，并保证会尽快解决。其次，若卖家需调查情况，可以让客户提供产品细节，比如拍照显示产品问题；如果原因已经清楚，就解释情况是如何发生的、问题出在哪里，并向客户给出自己的解决方案，再询问客户的建议。最后，需要保证会帮助客户解决问题，塑造负责可靠的卖家形象。

在与客户的协商沟通中，客服的目标是帮客户解决问题并不留差评。如果客户同意店铺给出的解决方案，那就需要给客户答复退换货的确认邮件，并按解决方案执行操作。

模板：

很抱歉给您带来不便，请不要担心，我们会帮您解决这个问题。您可以发几张照片（或一段视频）来说明产品的问题吗？我们想向我们的供应商展示这个问题，以确保它不会再次发生。当然，如果产品有缺陷，我们可以免费向您重新发送替换品。您同意这个解决方案吗？如果您有更好的建议请告诉我们，我们将根据您的建议解决问题。

始终等待您的回复。祝您今天过得愉快。

小资料 退换货处理程序

在进行退换货处理时，客服人员不仅要与客户沟通，确认解决方案，还要判断售后的处理方式，尽可能降低订单损失，并严格按照平台规则流程化处理退换货。

一、处理判断

在决定退换货的处理方式时，客服可以根据客户是否收到货物来进行判断。

1. 当客户还未收到货物时

当客户还未收到货时，主要有以下 5 种情况，客服人员的处理判断可以参考如下内容：

情况 1：如果货物还在运送途中，尽量追回货物，给客户做全额退款处理。

情况 2：如果货物无法追回，就跟客户协商等收到货后，再决定要不要退货。

情况 3：若客户不同意，可根据产品成本跟客户协商仅部分退款。

情况 4：客户再不同意，如果货值不高的话建议退全款，货直接送给客户，让其留个好评。

情况 5：如果货值高，就按正常的程序让客户拒绝收货，运费由物流承担。

2. 当客户已收到货物时

当客户已收到货物时，主要有以下三种情况，客服人员的处理判断可以参考如下内容：

情况 1：若卖家有海外仓，可以让客户将货退回仓库，待货退到仓库后再进行退款处理。

情况 2：退回来的货物如果没有破损，可以联系海外仓重新贴标签再次销售。

情况 3：若已经损坏，可以让海外仓运回国内，或让提供维修退货服务的海外仓公司处理。

二、退换流程

在处理客户的退换货需求时，卖家要有完善的售后服务程序，进行规范的售后服务管理，在提高客户对售后服务满意度的同时，也能避免不必要的损失。

退换货处理的基本流程有：

第一步：客户提交退换货申请。

第二步：客服审核通过退换货申请，提供退换货地址。

第三步：客服跟踪退换货物流。

第四步：仓库反馈货物入仓情况。

第五步：客服处理退款或重新发货。

（二）评价处理

消费者线上购物时基本都会参考商品评价，对店铺来说，好评率显得尤为重要。在客户给出中差评后，客服人员要迅速与客户沟通联系，协商解决负面评价的问题，在让客户感受到诚意的同时，也要将负面评价对店铺的影响降到最低。

1. 催促评价

客户在购买商品后，大部分是很少写评价的，这就需要卖家进行侧面鼓励。从客户下完订单起，卖家可以主动与客户通过邮件进行适当沟通，使客户建立起留评的意识，这在业内被称为催评，即催促客户评价。

编写催评邮件时需要注意以下四点内容：

1）附带使用说明，即在邮件中提供一些有用的东西。

2）增加联系方式，告诉客户我们提供一切可能的帮助，让客户拥有安全感。

3）使用第一人称拉近关系，让客户觉得是在和朋友联系。

4）邮件发送时间节点选在白天，可设置定时发送。

模板：

我们看到您已经签收了商品，希望您喜欢我们的商品，您的反馈对我们的业务发展非常重要，我们诚挚地邀请您花费 1 分钟时间，给我们五星好评来支持我们。如果您购买体验不佳或是有任何疑问，都请随时与我们联系，以便消除您的不满并解决问题。

期待您下次光临我们店铺！

小资料 **催评限制**

各平台对催评的限制，通常来说有以下四点：

第一，严禁以任何金钱或物质作为客户撰写及移除评论的奖励。

第二，严禁提供犒赏（包括免费或折价的商品）来邀请评论。

第三，不能在邮件中出现过于明显的诱导评价的内容。

第四，严禁卖家请求客户更改或移除评论。

---

2. 差评处理

每一个差评对店铺都有很大的负面影响，差评会影响店铺的整体好评率，而好评率是客户挑选产品的重要参考因素之一。

当客户在产品评论中发布负面反馈后，卖家首先要做的就是及时联系客户解决问题。客服人员在与客户沟通修改差评时，可以参考以下基本思路：开篇道歉，表达出真心诚意想要给客户一个好的购物体验；接着，恳请客户给予改进的机会，提出超过客户预期的解决方案；然后，解释产品出现缺陷的原因以及会采取的解决措施；最后，说明以后会做得更好，以取得客户的同情和原谅。

模板：

很抱歉听到关于发给您的货物有损坏的消息。我们在发货前仔细检查了订单和包装，确保一切都完好无损，所以我们认为损坏可能发生在运输过程中。但我们仍然为给您带来的不便深表歉意。谢谢您的理解。

巩固提高

一、单项选择题

1. 如果有买家因为不知道购买哪一款产品而拿不定主意，客服可以采用（　　）的方法帮助他们做出选择。

    A. 三选一　　　　B. 二选一　　　　C. 四选一　　　　D. 五选一

2. 以下选项中，属于售前客服工作内容的是（　　）。

    A. 促销活动　　　B. 退换货处理　　C. 评价处理　　　D. 以上都是

3. 一位买家的咨询内容是：她的身高是×××，体重是×××，那么她应该买哪一个尺码的衣服呢？此时，客服最恰当的回复是（　　）。

    A. 您好，我们觉得 M 码比较适合您。

    B. 您好，亲爱的顾客，根据您提供的身高和体重，这件衣服的 M 码非常适合您。

    C. 您好，亲爱的顾客，您根据自己的身高体重判断就可以了。

    D. 您好，可以提供更多信息吗？

4. 常见的产品信息回复不包括（　　）。

    A. 促销活动回复　　　　　　　　　B. 产品尺寸回复

    C. 产品外观回复　　　　　　　　　D. 产品功能回复

5. 向买家推荐关联产品时要找对推荐时机，以下哪个不是很好的推荐时机（　　）。

    A. 买家看到其他产品时主动询问　　B. 买家乐于与客服进行交流

    C. 买家表现出情绪急躁和不耐烦　　D. 通过交流了解到买家的喜好

二、多项选择题

1. 客户服务的工作范畴主要包括（　　）。

    A. 解答客户咨询　　　　　　　　　B. 解决售后问题

    C. 促进销售　　　　　　　　　　　D. 管理监控

2. 关联产品推荐的优势有哪些（　　）。

    A. 提升转化率　　　　　　　　　　B. 提高客单价

    C. 提高店铺宝贝曝光率　　　　　　D. 降低跳出率

3. 如果有买家担心产品质量问题，除了可以向买家强调产品本身质量可靠外，还可以从以下哪些方面入手（　　）。

    A. 产品的品牌　　　　　　　　　　B. 产品的好评率

    C. 售后服务保障　　　　　　　　　D. 产品的代言人

4. （　　）适合作为关联推荐的商品。

    A. 同类商品　　　　　　　　　　　B. 互补商品

    C. 转化率较低的商品　　　　　　　D. 爆品新品

5. 有利于促成交易的方法包括（　　　）。

A．选择成交法　　　　　　　　　B．请求成交法

C．优惠成交法　　　　　　　　　D．最后机会成交法

三、判断题

1. 遇到索要赠品的买家，我们应该全部拒绝。　　　　　　　　　　　（　　　）

2. 在价格不能改变的情况下，要尽量突出产品的优势，让买家觉得你的产品是值得他付出这个价格的。　　　　　　　　　　　　　　　　　　　　　　　　　　（　　　）

3. 跨境电商客户服务的工作范畴不包括促进产品销售。　　　　　　　（　　　）

4. 小张作为亚马逊平台的客服人员，每天都要面对形形色色的买家，有时会遇到一些脾气比较急躁的顾客，这种情况下小张仍然需要保持热情诚恳的工作态度，耐心为买家提供服务。　　　　　　　　　　　　　　　　　　　　　　　　　　　　　　　　（　　　）

5. 如果自己的产品没有比较大的亮点，就不需要向买家介绍。　　　　（　　　）

四、简答题

1. 跨境电商客服人员促成下单有哪些技巧。

2. 产品差评会对店铺造成很多负面影响，如何与客户沟通让其进行差评修改？

五、案例分析

数据线质量问题的咨询

一位买家通过邮件向店铺咨询数据线的质量问题。信件内容如下：

Dear sir or madam,

Why is the data cable in your store so much cheaper than other stores? Can the quality be guaranteed? Can I get a refund if something goes wrong?

Looking forward to hearing from you.

Sincerely,

Sarah

了解买家的疑问后，店铺立即给予回复，成功消除了买家的疑虑，从而顺利达成交易。以下为回复内容：

Dear Sarah,

Thank you for your interest in our products. Please don't worry, our products have passed the quality inspection, you can see the details and the inspection report. You can take a look at our buyer show, and many customers are full of commend for our products. In addition, our products will also provides three guarantees of after-sales service.

If you are not satisfied with the product, you can also apply for a return. If you have any problem, leave me message here, we will reply you within 24 hours.

Sincerely,

×××

问题：

本次质量咨询中，客服是从哪些方面入手去回复的？

技能实操

学生实操手册工单

姓名		班级		学号	
性别		专业			
工单任务		跨境电商客户回复实训			
任务内容	请根据以下情境对客户进行邮件回复： 情境一：一位客户准备去海边度假，通过邮件向店铺咨询购买遮阳伞是否有优惠活动。 情境二：一位客户下单购买后很长一段时间都没有收到货，于是给客服发来邮件询问，并要求退款。经过对订单进行追踪，查明是由于节假日导致的物流延误。 情境三：一位客户收到购买的电动牙刷无法充电，于是给出差评。				
任务要求	1. 表达清晰、流畅。 2. 主旨明确，格式正确。				

参 考 文 献

[1] 肖旭. 跨境电商实务 [M]. 3 版. 北京：中国人民大学出版社，2020.

[2] 蒋长兵. 跨境电商理论与实务 [M]. 杭州：浙江大学出版社，2021.

[3] 周任慧. 跨境电子商务实务 [M]. 北京：化学工业出版社，2019.

[4] 郭鹏飞，等. 跨境电商实务 [M]. 北京：清华大学出版社，2022.

[5] 邓志超，莫川川. 跨境电商基础与实务 [M]. 北京：人民邮电出版社，2021.

[6] 速卖通大学. 跨境电商运营与管理：阿里巴巴速卖通宝典 [M]. 北京：电子工业出版社，2017.

[7] 李颖芬，龚奇. 跨境电商实务 [M]. 北京：人民邮电出版社，2021.

[8] 邹益民，隋东旭，朱新英. 跨境电子商务支付与结算 [M]. 北京：清华大学大学出版社，2021.

[9] 黄亚萍，刘勇. 跨境电商实务 [M]. 北京：电子工业出版社，2021.

[10] 黄强新，胡丽霞. 跨境电商实务 [M]. 北京：清华大学出版社，2021.

[11] 龚文龙，王宇佳. 跨境电商实务 [M]. 2 版. 杭州：浙江大学出版社，2022.

[12] 刘瑶. 跨境电商运营实务 [M]. 北京：人民邮电出版社，2021.

[13] 赵亚南. 跨境电商操作实务 [M]. 北京：清华大学出版社，2020.

[14] 刘春生. 跨境电商实务 [M]. 北京：中国人民大学出版社，2022.

[15] 刘颖君. 跨境电子商务基础 [M]. 北京：电子工业出版社，2020.

参 考 文 献

[1]
[2]
[3]
[4]
[5]
[6]
[7]
[8]
[9]
[10]
[11]
[12]
[13]
[14]
[15]
[16]